聽見西藏

在雪域中遇見自己

邱常梵 著

| 他序 |
秋天似的金色年華

◎ 張文河 (作者先生)

　　遠遠望著那熟悉的身影走出海關，近兩個月不見的第一直覺是她瘦了，再看到她前後肩一大一小背包，不疾不徐以她特有的左右微晃方式走過來，腦海裡浮現出她從椰林大道走來的學生時代影像，三十年了，她還是一樣瀟脫！

　　近幾年因為工作我們聚少離多，分別一、兩個月已習以為常，但畢竟這次她是一個人獨自旅行，一種特別急迫與掛念的心理驅使我快速迎向前去，接過她的背包，脫口而出：「一路辛苦了！」她卻一副稀鬆平常模樣，臉上綻開滿足、自信與豁達的淺笑。

　　不經意想起前年秋天我們到內蒙古額濟納旅行，晨曦中高大的胡楊樹林反射出濃密的金黃色光海，我忙著攝影，愈走愈遠，忽地背後一陣清風襲來，猛回頭，無數的金黃葉片輕柔地飄舞在渾然忘我打著太極拳的她的四周——融入大自然合而為一的意象，就是她最貼切的寫照。

　　選擇獨自旅行的人都有個人獨特的因素，只是一個年已半百的女子，以近兩個月時間，用最簡約的方式，去走又長又艱難的路線，怎能不令我既佩服她的勇氣，又擔心她的安全和健康？

　　自從她幾年前開始學佛並接觸藏傳佛教，西藏與佛教已成了她生命中最大的意義，她的生活愈過愈簡單，美食、華服、珠寶、化妝品，她全不需要，生命重心放在閱讀、修行和旅行，她常對我說：「聖嚴師父說，需要的不多，想要的太多。」我勸她不用擔心錢的事，尤其旅行時還是應該講求方便、舒適，不過她還是我行我素，力行簡約。

回想前年十一月，我正在煩惱她的生日要送什麼禮物，當她有點猶豫的提及想獨自去走滇藏線和川藏線，並打算申請到拉薩大學學習藏語文時，我立即鼓勵她，趁著還有體力，多去做想做的事，實現夢想，畢竟兩個孩子都大了，沒必要夫妻倆都被世俗生活的壓力捆綁住，我說：「就當作是妳的五十歲生日禮物吧！」

　　經過數月準備，她堅定的出發了，感謝現代科技，一路上不時收到她的訊息，在她進入藏區窮鄉僻壤後，我才意識到她真的是以接近一般藏民的標準在旅行，住宿於每個床位十或二十元人民幣的旅館（多人共住，沒有衛浴），對我這老「大陸通」來說，除非不得已是絕不會住的，她卻覺得很好，可以認識藏民；搭乘的是破舊髒亂的大巴，途中狀況連連，我在想我有多久沒有搭過公共巴士了？而我沒聽過她抱怨，只有一個又一個融入當地人的心情故事。

　　她沿路發回來的札記與照片，導引我神遊那壯麗奇特的高原，產生莫大嚮往，更使我強烈感受到大多數藏民雖然貧窮卻甘之如飴，虔誠、樂觀、純樸地生活在那片遼闊的土地上，而想到有時我應酬一次所花的錢，可能比窮苦藏民一年的收入還多，不免有幾分愧疚與憐憫之心，除了自我節制外，更多次提醒她在藏區盡力幫助貧困的藏民，略盡我們一份心意。而同很多事業成功的人士一樣，我也是從貧困中一路努力奮鬥才有今日的成就，我們常自詡於這段艱苦打拚的歷程，但認真反省，成功後，是不是漸漸地已有某種程度的不識人間疾苦？唯有像她一樣走入群眾，才能真正感受人間的酸甜苦辣。

　　她依照自己既定的方式走完了全程，她似乎把這趟旅行看成是自我回歸原點的洗禮，安享路上的隨緣境遇。她常說在藏地旅行，圓融自在，歡喜自己是回到另一個家！而我則感覺佛法與大自然無比深入地淨化了她的身心靈。對她而言，人生五十才開始，生命恰如秋天似的金色年華！

五十歲的天空

二〇〇五年五月和六月，我獨自一人於滇、藏、川交界的藏區旅行了五十多天。
這一年，我五十歲，這是我的五十歲生日禮物。

我喜歡旅行，從高三畢業那年和好友兩人帶著睡袋，以最克難的方式自助旅行
台灣和蘭嶼島後，就莫名地愛上旅行，從此，旅行成為我活絡生命的一個方式。

人類學家說：旅行是現代朝聖的一種型式，從出發到目的地的過程，就是一段
暫時離開熟悉的世俗環境，進入神聖空間的歷程，會使人重新認識生命意義。而在
旅途中，生命從裡到外被洗滌，從旅途歸來後，生命便獲得重生。

我也喜歡走路，走路的體驗完全是個人的，所以我喜歡自己一個人走，尤其是
在大自然中。一個人走，我不在乎路還有多遠，就是將呼吸安放在每一個步伐的邁
出，放鬆身心，一步一步緩緩向前，真真實實地感受雙足與大地的接觸……

西藏會成為我的旅行計畫，始於我讀了《西藏生死書》，它像一粒種子埋進心
田，有一個呼喚總是悄悄地在心田深處不時湧現：「來，來西藏！」

二〇〇〇年，我首次從青藏公路進入拉薩，旅程只有17天，留下的深刻回味恍
如一世，當時我還未學佛，但身處那全民信佛的國度，卻有著回到家的感覺，我像
是離家多年的流浪兒，躺在母親懷中，帶著滿足的微笑，沉沉入夢。

二〇〇四年，我離開職場，隨著工作重心移往大陸的先生遊走兩岸，陸續收集
了許多西藏資料，也就在這一年年底在心中醞釀已久的西藏行確定了——二〇〇五
年五、六月，獨自前往滇、藏、川，選擇這個時間，是因為雪季剛過，雨季尚未來

臨，春夏之際野花開放，是一年中氣候最穩、景觀最美的季節。

當所有朋友知道我要獨行，因為擔心而不斷發出疑問，無數的「如果……」、「萬一……」，三天兩頭，經由電話、e-mail，對我勸說，最後我發現只有一句話可以讓大家閉嘴，我反問：「要不然你陪我一道兒去？」

我知道不是所有人都放得下的，人擁有的愈多，牽掛就愈多，煩惱也愈多。我會那麼有信心獨自旅行藏地，主要因為自從於二○○二年皈依聖嚴法師後，人生路上就愈走愈明白，「成、住、壞、空」是世間萬事萬物不變的法則，認清了就不會執著；體悟了「千江有水千江月，萬里無雲萬里天」的禪境，心就能如澄澈的江水，沒有主觀和成見，自然映現明月，又如萬里無雲的藍天，坦蕩廣闊，自然包容一切。所見所及，盡是一片自在豐富的水月與藍天，映照出無限的風景。

走在西藏，我最常做的動作是仰望天空，西藏的天空，大多時刻都是一片湛藍、清澈、無涯，間有雪白軟綿的雲朵飄浮著，仰望著仰望著，心中就會湧現一首詩，一首從天空飄落下來的詩……。

和著這些詩，這五十多天走過的路，構成一個屬於我個人的空間，伴隨著的還有一個視覺的空間，一個心靈的空間。我是個木訥的人，不擅言語也不喜歡言語，相較起來，我擅於「聽」，「聽」包括用耳朵、用眼睛、用心靈。

這本書，就是記錄我所「聽」見的西藏，這不是一本旅遊書，它只是記錄著一個五十歲女子走過藏地的心路歷程；一個活過半百的普通女子，走過有著「諸佛國度」別稱的藏地，隨緣遇眾生的故事。

五十歲的天空，只要心有所依止，不執著，當然也可以和西藏的天空一樣，湛藍、清澈、無涯，充滿希望……。

目錄

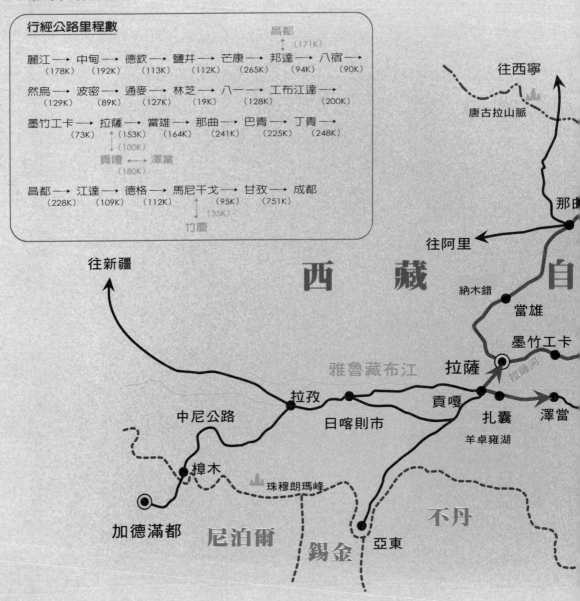

| 旅行路線圖 |

行經公路里程數

麗江 ── 中甸 ── 德欽 ── 鹽井 ── 芒康 ── 邦達 ── 八宿 ──
（178K）　（192K）　（113K）　（112K）　（265K）　（94K）　（90K）

昌都
（171K）

然烏 ── 波密 ── 通麥 ── 林芝 ── 八一 ── 工布江達 ──
（129K）　（89K）　（127K）　（19K）　　（128K）　　（200K）

墨竹工卡 ── 拉薩 ── 當雄 ── 那曲 ── 巴青 ── 丁青 ──
（73K）　（153K）　（164K）　（241K）　（225K）　（248K）

（100K）

貢嘎 ── 澤當
（180K）

昌都 ── 江達 ── 德格 ── 馬尼干戈 ── 甘孜 ── 成都
（228K）　（109K）　（112K）　（95K）　（751K）

（35K）

竹慶

往西寧

唐古拉山脈

往阿里

西　藏　　自

納木錯

當雄

墨竹工卡

那曲

往新疆

雅魯藏布江

拉薩

拉薩河

拉孜

日喀則市

貢嘎

扎囊

澤當

中尼公路

羊卓雍湖

樟木

珠穆朗瑪峰

加德滿都

尼泊爾

錫金

亞東

不丹

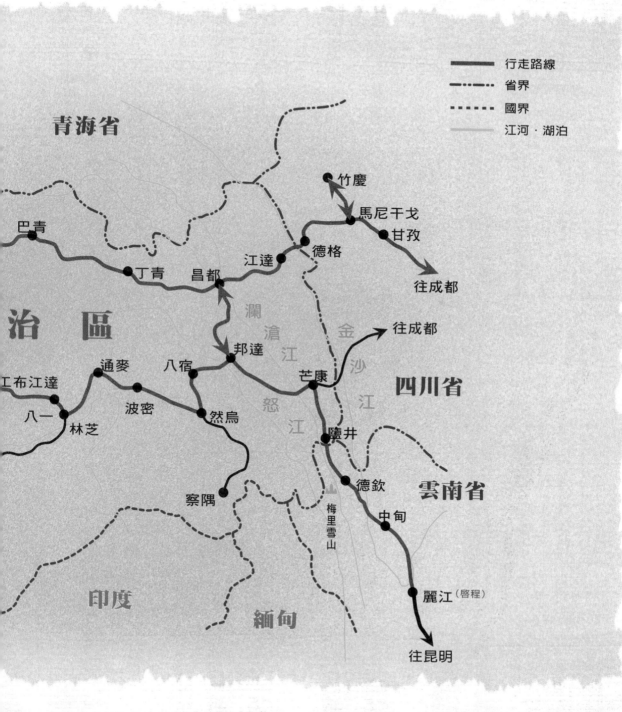

青海省

巴青

治　區

工布江達

八一　林芝

竹慶

馬尼干戈

甘孜

德格

江達

丁青　昌都

往成都

澜

滄

金

江

沙

往成都

邦達

八宿

通麥

波密

然烏

怒

芒康

江

鹽井

察隅

梅里雪山

德欽

四川省

中甸

雲南省

印度

緬甸

麗江 (啟程)

往昆明

行走路線
省界
國界
江河・湖泊

| 楔子 |

啟程

　　二○○五年五月九日，母親節的第二天，我從中正機場出發，大小登山背包共20公斤重，文河送我到機場，在和我擁抱道別時，用有點擔憂的眼神看著我，輕聲說：「若走不動就回來吧！」面對親密愛人的關愛，我只有更用力的緊緊回抱他，笑著說：「那當然！」但心中卻有另一聲音悄悄響起：「親愛的，放心，我會走完的。」

　　自從決定了要走這段旅程，心中就打定主意，無論如何都要堅持到底完成自己對自己的承諾。年紀已屆半百，自知非兒戲，我清楚明白自己在做什麼，雖然剛開始也有過一絲猶豫，因為一般前往西藏，除了從成都搭飛機直抵拉薩外，公路可走青（青海）藏公路、新（新疆）藏公路、中尼（尼泊爾）公路、滇（雲南）藏公路、川（四川）藏公路，其中川藏公路又分為川藏北路及川藏南路。風景最美但路況最差的便是滇藏公路和川藏公路，由於存在著太多變數，一般旅者都採全程吉普車，而且大多兩輛以上相伴，以方便掌握行程，應付各種突發狀況及相互支援。

　　我一個人走，意味著必須獨自面對各種挑戰，獨自承擔各種困難，但想一想，這不就像人生嗎？許多時候，我們也是孤孤單單踽踽而行，沒有人可以協助。而變數多就像佛法說的「諸行無常」，只要不執著旅程一定要如何如何，「隨遇而安，隨緣生活，隨心自在，隨喜而做」，就是我的優勢。

　　由於沿途只有自己可以依靠，行前準備也就更加重要，我從年初開始展開體

作者攝於甘孜藏族自治州竹慶村（海拔4100公尺）。

能強化訓練，這對我不是難事，因為平常就喜歡戶外運動，只需更規律化即可，每週固定慢跑、游泳、騎自行車及練氣功，假日隨大學畢業校友登山會一起登山，在流汗中逐步累積體能的籌碼。

　　資料的閱讀花費我相當多的時間，除了上網搜尋，手邊還有兩岸出版的十多本書籍和雜誌，配合地圖，一本一本閱讀，去蕪存菁，再依照地點，分門別類，把實用的資訊記在筆記本上，部分資料則直接縮小影印。

　　多次旅行經驗，行李的準備駕輕就熟，精簡、質輕、多功能是基本訴求，例如，一把瑞士刀兼具剪刀、小刀、開罐器、螺旋鑽、銼刀等多種用途；手錶兼有時鐘、月份、日期、鬧鈴、指北針、溫度計、高度計等功能，並可記錄走過最高海拔的時間。比較特別的是，我還帶了筆記型電腦，一路記錄心得感想，走到比較大的城鎮時，便可將心得與拍攝的照片經由網路寄給所有嚮往西藏但無法成行的朋友們分享。

　　出發的前一天把所有裝備打點完畢，試背了一下背包，有點超乎想像的重，年輕時我是登山好手，縱橫於台灣3000公尺以上高山，20公斤不算什麼。但隨著年齡增長，體力已漸無法負重，何況這回旅行的地區是在平均海拔4000公尺以上的青藏高原，必須面臨高原適應的問題。

　　我再次檢查了所有裝備，沒有一樣是可以放棄的，那兩大袋藥，雖然多得有點離譜，簡直像隨身帶了一間小型流動藥房似地，但那是兩位醫生好友，花了許多心血幫我準備的，有針對我個人的，有針對偏遠地區藏民的。我忘不了二〇〇〇年第一次旅行到藏北牧區時，一個藏族老婦手握鈔票對我們比畫半天，並掀開衣袖及褲管讓我們看，原來是皮膚長濕疹，想跟我們買藥，可惜同行中沒人帶皮

膚藥，看著她滿懷失望離去，我不想這次藏地行再發生類似的遺憾。儘管我明白這樣做也只是杯水車薪，但至少我盡力了。

在香港機場等候轉機時，逛到書店，無意中翻開達賴喇嘛著作《寬恕》書中的一頁，讀完那段文字，我禁不住微笑了，何等巧合，才有那麼一點顧慮，冥冥中就有適當因緣給我一個答案。

書中提到不同的醫生檢查達賴喇嘛的身體後，都說他的心臟年齡是二十來歲，有人問今年剛滿七十歲的達賴喇嘛，為什麼會這樣？達賴喇嘛不假思索回答：「因為有一顆平靜的心。」

是的，我也有信心——以一顆平靜的心來增強五十歲逐漸退化的體能。

刻滿〈六字真言〉的瑪尼石。

走入大山大水

雲南迪慶藏族自治州

誰的金沙江
和虎跳峽

從香港飛抵昆明後直接轉飛麗江，麗江本不在這回藏地之旅的行程內，但由於一位好友的大學同學嫁給雲南少數民族納西人，定居於麗江，我一方面好奇，一方面也久聞麗江盛名，便將拜訪麗江做為藏地之旅的暖身。

　　結果在麗江只待了一天，把大背包暫寄好友同學家，徒步裝備塞進小背包，我便有點逃離似地搭上每天一班從麗江發往虎跳峽的中巴。古城無言亦無罪，只是受旅遊經濟過度發展之累，燈紅酒綠的異國風情以及震天價響的歡騰娛樂，令我不適。

　　虎跳峽位於哈巴雪山（海拔5386公尺）與玉龍雪山（海拔5596公尺）之間，沒通公路前，只有馬幫行走，峽口海拔約1800公尺，奔流在峽谷之間的便是孕育中華文化搖籃的長江上游——金沙江。

　　金沙江發源於青藏高原唐古拉山脈的雪山，一開始叫「沱沱河」，隨著流經不同區域而有不同名稱，往南流到青海玉樹藏族自治州改稱「金沙江」，再流過西藏進入雲南，到了麗江石鼓鎮，突然一個大轉彎，與南北方向並流的瀾滄江、怒江說再見，獨自往中原而行，就在這回眸間，曲折的金沙江流過橋頭鎮後，在約20公里長的流段間，受到兩座連綿高峰的左右堆擁，地形陡然落差二百多公尺，江中奇石疊嶂，水流湍急，深谷險峻，蔚為奇觀。最窄處只有30公尺，相傳曾有猛虎藉江中巨石一躍而過江，因此有「虎跳峽」之稱，整條峽谷分為上虎跳、中虎跳、下虎跳，自然景觀包括上虎跳的「峽口」和「虎跳石」；中虎跳的「一線天」和「滿天星」；下虎跳的「高峽出平湖」。

　　八點半，師傅上車，是個矮矮胖胖的女司機，車上除去兩個回橋頭鎮（又稱虎跳峽鎮）的本地人外，其餘均是外來遊客，在前面、來自陝西的一對年輕夫婦

當地居民於崖壁上鑿出山路。

虎跳峽峽谷是世界上最深的峽谷之一。

帶著個小女娃兒，先生擔心小孩走不遠，不斷請教師傅虎跳峽路況，師傅挺熱心的給了許多建議，坐旁邊一位來自重慶的先生，不久也加入他們談話的行列。

其餘全是背背包的自助旅行者，一個韓國人、一個新加坡華人、四個北京人、六個來自澳洲和美國的外國人，都是走完虎跳峽後要繼續往迪慶藏族自治州香格里拉自助旅行的，彼此斷斷續續交換了一些資料。

傳統徒步虎跳峽都是從橋頭鎮啟程，離開公路沿著名的二十八道拐往上爬，登上哈巴雪山東麓，然後沿著山腰小徑（有人稱為哈巴小路）居高臨下與金沙江並行（但看不到江面），直到中虎跳上方才切下江岸。我本來也是計畫如此走，但麗江朋友以多年帶隊經驗，建議我避開二十八道拐，理由是風景普通，沿路無遮蔭，又是陡上，更重要的是會錯過上虎跳，還不如直接搭車抵上虎跳，下到江底遊覽後，回公路走到十四公里處，再走小徑切上哈巴雪山東麓，接回哈巴小路。這樣，兩天步行，不但上、中、下虎跳

美景盡覽，且可省去一些體力及時間。

　　我把這個折衷徒步法轉告大家，老外堅持還是要照他們旅遊書上寫的路線走，韓國人跟進，四個北京人和新加坡人則聽從建議，和我一道兒走。

　　車抵橋頭鎮，本地人和外國人下車，這兒是虎跳峽風景區入口，遊客需買門票，大家下車略作休息，我在旁邊轉了一下，橋頭鎮緊臨金沙江，這一帶江面仍然十分寬廣，聽說可行300噸的機動船沒問題，有誰能想像得到？待會再往前行至不遠處的上虎跳峽口，由於受到江岸兩側哈巴雪山與玉龍雪山兩大雪山擠壓，寬廣的江面立刻驟縮，只剩30公尺，大自然的神奇力量，真是令人折服！

　　回到中巴，看到幾個北京人正在從車頂下背包，怎麼回事？原來是剛剛有小麵包車師傅來搭訕，建議他們包車，一天就可以遊畢上、中、下虎跳所有景點，他們為了節省時間和體力，決定包車，不徒步虎跳峽了，最後問我：

　　「新加坡人跟我們走，妳要不要也一道兒？」

　　「可是，這樣的意義和徒步完全不一樣。」

　　他們無所謂，只要沒錯過重要景點就好。

　　前後不過幾分鐘，變化還真快，我想起剛剛堅持傳統走

自助旅行者的背包一般均捆綁於車頂。

法，一臉堅定的外國旅者，是外國人比較固執比較笨嗎？是中國人比較聰明比較懂得變通嗎？

多年國外旅行經驗，我不得不承認，外國人的旅行心態值得我們學習，他們通常比台灣旅者有著更多的從容和自在，更懂得和大自然相處之道。沒想到，台灣遊客的素質讓人失望，大陸旅者好像也好不到哪裡去。

要不要和他們一道兒

懂得從容與自在，才能深入體悟大自然之美。

走？拒絕他們就表示我得單獨一個人走，當下我有點兒猶豫，這是我在大陸地區首度要一個人於山中健行，儘管旅遊書上都說很安全，但這邊行政區雖屬迪慶藏族自治州，居住的卻都是漢人和納西族。也許是我自己的偏見，老實說，我對這兩個民族的信心比藏族低很多，我比較信任全民信佛的藏民，他們單純善良，給人的感覺總是「諸惡莫作，眾善奉行」。

考慮了一下，我還是婉拒了他們，決定如實面對自己，獨自一人走。往後還有那麼多獨行時刻與未知旅程，我不能在一開始，就被這樣一個小小的擔憂擊敗。

「一線天」峽谷，峭壁高聳，鬼斧神工。

天下本無事，庸人自擾之，擔憂和煩惱通常都是自找的，何況，我若不去面對自己的恐懼，就永遠不會有機會知道自己的臨界點在哪裡。

只是，當下覺得有點兒悲哀，之前在收集資料時，就發現這條屬於中國人的江與峽，是全世界公認的徒步旅遊聖地，但固執走在山徑或公路上的幾乎都是外國背包客，而無論來自海內外的華人旅客幾乎都是乘坐豪華旅遊巴士，行色匆匆，到上虎跳看一看、拍個照，到此一遊就離開。

外國人會鍾情於徒步虎跳峽，肇因於二十世紀三〇年代，美國著名植物學家洛克（Joseph F. Rock）曾三度遊歷虎跳峽，歎為觀止之餘並租用直昇機於空中拍攝虎跳峽奇景，由於峽谷垂直落差三千多公尺，是世界上最深的峽谷之一，因此聞名於世。

外國人這樣珍惜的一條峽谷，它的原主人卻都只是來去匆匆，蜻蜓點水，未曾佇足細細品味它的晨昏之美，唉，真是何等諷刺！

重慶大哥

　　北京背包客和新加坡人下車後，中巴再往前開，不一會抵達位於公路9公里的終站上虎跳，這兒很熱鬧，賣小吃和特產的小販一大堆，我背著背包下車，重慶先生忽然跑過來：

　　「您好，剛在車上聽您說要徒步到中虎跳和下虎跳，您好像路況很熟，我可不可以和您一道兒走？」

　　我快速端詳了他一下，中等身材，頭髮有點灰白，天熱，厚夾克拿在手上，身上穿著一般休閒衣褲，腳上一雙普通步鞋，右肩掛著一個雲南大理旅遊紀念袋，裡面看不出來裝什麼，感覺細細的帶子快負荷不了，隨時有斷掉的可能。臉上神情呢？倒滿誠懇的。

　　「可是要走兩天，您行嗎？」

　　「行，行，沒問題，我時常走路的。」

　　「您裝備夠嗎？」

　　他打開紀念袋給我看，有一大瓶水、換洗衣物、一台日本Nikon傳統機械式相機、幾卷膠卷和一些雜物。

　　這樣的裝備徒步山區，真只有大陸人才有勇氣，我笑笑不予置評。不過，我一看到那台相機，便放下了防衛心，在數碼相機成為攝影主流的當前，還堅守機械相機的人是很有自我品味的，有個伴一道兒走也不錯，於是答應了他。

　　我們先下到江畔，兩旁山形陡峭，金沙江狂濤怒吼，雄踞於江心的虎跳石高約十多公尺，奔騰而來的水流於此遇到阻力，搏擊江石，滔天浪花騰空而起，震耳轟隆聲迴盪在山谷中，驚心動魄。

　　重慶先生先回公路用午餐，我坐在江邊吃著自備的乾糧，一眼望過去，行政

區屬於麗江的對岸，同樣有條公路直達觀景台，旅客看來比我們這邊還多，熙熙攘攘，喧嘩無比。

　　這種高度開發的景區，不宜久留，我坐了一會便往上走回公路，重慶先生已等在那兒，依計畫沿公路到14公里，再走小路往山腰爬，沿途有不少叉路，但有地圖資料，很容易判斷。

　　我問重慶先生貴姓，他回答：

　　「我說出我的姓後，包準您以後每天都會想到我。」

　　我一頭霧水，直到他說姓范才恍然大悟。

　　「就說吧，我們人每天都要吃飯吧，吃飯不就會想到范？」

　　我笑了出來，這人還有點幽默感。

　　他即將滿六十歲，我便尊稱他為「范大哥」，他叫我「小邱」，范大哥在重

「虎跳石」橫臥江心，傳聞猛虎曾藉石一躍而過江面，因而得名。

慶經營一家小型公司，因為覺得年紀漸長，再不玩就走不動了，每隔一陣子，便自己放假幾天，帶著相機四處攝影旅行，這回他已走了大理、麗江，打算遊完虎跳峽就回重慶。

　　我有點好奇，他怎麼不和家人一道兒也不參加旅行團，他回答旅行團受限太多，他喜歡慢慢拍照，肯定會耽誤團隊，不如自己走；至於家人，唯一女兒有自己的天地，太太則沒興趣。

他問我是哪兒人？我說福建，但幾次休息，聊天話題廣了後，我馬腳漸露，他多次用開玩笑的語氣說我不像福建人，後來，我看彼此談話還算投緣，才老實告訴他，我祖籍是福建，但在台灣長大。

他恍然大悟：「就說嘛，我心中就一直嘀咕妳根本有點像台灣人。」

范大哥對台灣充滿好奇，他識相地避開敏感的政治，其餘無所不問，我盡所能回覆他，希望我這個小老百姓已成功地做了一回柔性外交。

下午三點，接回傳統路線「哈巴小路」，來到海拔二千三百多公尺的Halfway客棧，我們坐在視野寬廣的觀景台小憩，舉目一望，在場十多人全都是外國人。

「哈巴小路」蜿蜒於哈巴雪山的山腰。

這個位於半山腰的民宿，最著名的是網路上盛傳的「天下第一廁」，見識後果然名不虛傳，一邊上廁所一邊可欣賞連綿的玉龍雪山山脈，大片山景像幅畫貼於廁所窗台上，耳旁響著因為兩側高山夾峙山谷而形成的強風，陣陣呼嘯，眼觀山色耳聽天籟，如廁變成一種最高級的享受。

「天梯客棧」由民家住宅改建，呈現農家風味。

離開Halfway客棧，山徑沿著山腰前行，一邊是山壁，一邊是農村秀麗景致，零星人家散落著，路旁接連出現好幾道瀑布，伴隨著彩虹。攝影高手的范大哥，一路不斷和我交換攝影心得。

黃昏時山徑開始往下繞，看來是要切回公路了，一個轉彎，迂迴的金沙江從不遠處的公路下方躍入視野中，夕陽餘暉下，像一條銀絲帶，如夢似幻。

晚上住宿於Sandy's客棧（天梯客棧），不遠處還有一家Tina客棧，光由這些民宿的命名，就不難明白住宿者有不少是外國旅客。

Sandy是客棧年輕女主人的英文名字，和先生共同經營，客棧由自家住宅改成，感覺親切，乾淨的被單還有著陽光曬過的芳香味道，一晚才十元人民幣，真是便宜。不久又來了一位獨行俠背包客，是來自深圳的年輕人小賴，三人共享農

由開鑿於懸崖峭壁間的山徑下眺望金沙江，分外驚心動魄。

家口味的晚餐。

餐後天南地北閒聊，我同時拿出針線幫范大哥縫補他快斷裂的袋子，他吃驚的問：「妳連針線都帶啊？」我笑說我的背包是百寶箱，日常生活可能用得到的東西都有，不像他簡單行囊就敢來徒步虎跳峽。他解釋說，原先只打算到上虎跳看看，頂多橋頭鎮住一宿就回麗江，所以把行李都寄在旅館，現在看到小賴和我的裝備，打定主意，回重慶後也要找家戶外用品店添購裝備。

隔天一早，Sandy背著竹簍，招呼我們下金沙江，原來她在江畔有間售紀念品、餅乾、飲料的販賣亭，她一路健步如飛，我和小賴緊跟在後，范大哥則一路落後，我們必須不時停下等他。這裡沒有修建像上虎跳一樣的石階步道，山徑陡峭難走，不少地方必須手腳並用，我們走過碎石坡；走過近乎90度陡下的天梯路；走過開鑿在懸崖峭壁間的岩路；穿過茂密的雜樹林，一路聽著金沙江的怒吼由遠而近，由隱約到震耳欲聾，心情也隨之逐漸激昂，最後終於下到江畔。

「鬼斧神工」是我看到中虎跳的第一個感覺，中虎跳因高山峽谷深割，宛如利刃將藍天畫開成一線，從江底仰望，「一線天」的稱呼名副其實，難怪當地流傳

中虎跳峽的景觀
是徒步虎跳峽之
行中，最令人流
連忘返的。

中
虎
跳
峽
MIDDLE
TIGER
LEAPING
GORGE

「望天一條線，看地一個溝，猴子見了掉眼淚，老鷹見了繞道飛」的諺語。

　　我在江畔巨石坐了下來，萬馬奔騰的水聲夾著寒氣，撲面而來，這就是名聞遐邇的滿天星灘！金沙江流至此因為落差大，險灘亂礁散布，激流來回跳躍盤旋，撞擊成浪花向空中翻捲，四散紛飛，在陽光閃爍下有如星石隕落，因此被冠上饒富詩意的「滿天星」稱呼。

　　范大哥告訴我，一九八六年，中國洛陽長江漂流隊

從谷底往上望，銜接兩側峭壁的一座橋樑，彷彿懸掛在藍天上。

（漂流類似台灣的泛溪活動）和中國科學長江漂流隊，首漂虎跳峽成功，不幸罹難的隊員就是在滿天星灘出事。我望著如萬馬奔騰躍過險灘亂礁的混濁江水，不解的問：「人的能力是有極限的，無論是探險還是自我挑戰，總要以安全為最大考量，他們為什麼要拿自己的生命當賭注？」

　　「主要是因為當時有外國探險隊向中國有關當局提出申請，要來虎跳峽進行漂流，開玩笑，這是我們中國人的金沙江，我們中國人的虎跳峽啊！怎麼可以讓外

國人先我們而創下紀錄？」

我看著講得一臉激昂、義憤填膺的范大哥，再回想起昨天那幾個裝備拉風、改變主意如翻書的內地年輕人，幸好老天爺另安排我認識這位重慶老大哥，讓我不致於對中國人看待虎跳峽和金沙江的情感失去了信心！

范大哥、小賴和我都喜歡攝影，彼此不多話，各自在江畔來回流連，靜坐沉思，直至中午，回到客棧。Sandy的先生告訴我們，從中虎跳到下虎跳之間只能走公路，這段路因金沙江切割很深，公路看不到景觀，且中間有一大段塌方，建議我們搭他的車，到接近下虎跳時再徒步。

三人商量一下，接受建議，搭小貨車到下虎跳附近，果然景觀一路平淡無奇，到這裡才豁然開朗，正是「高峽出平湖」的一望無際河階平台，唯金沙江依然在左右兩台地之間切割陡深，彼岸與此岸間無橋樑連接，只能搭船，我們沿著

下虎跳「高峽出平湖」的河階平台地形。

之形小路陡下，走到膝蓋發軟，來到江畔，渡船在對岸，三人隔江呼喊了好一會，船伕這才慢吞吞地將船駛過江來。

坐上船，范大哥對我說：「小邱，等回到麗江，我請妳吃飯，要不是遇到妳，我絕對不可能徒步虎跳峽，回家講給家人聽，他們肯定不信，哈！幸好有相片為證。」他很得意

的晃晃手上的相機，我笑一笑，人和人之間的緣分就是這樣奇妙，當初上車時，我壓根兒沒注意到他，哪裡會想到，最後竟然會是他和我一道兒走完虎跳峽？

　　這就像船行至江面中央，回望兩山夾峙間水色混濁的金沙江，誰會想像得到，這金沙江在進入四川省後，竟然一路吸納雅礱江、大渡河、岷江、嘉陵江……，匯成浩翰長江，最後於上海流入東海，全長3600公里，成為中國第一大河！

金沙江由西往東一路吸納大大小小江河，匯流成中國第一大河長江。

寻找香格里拉

徒步虎跳峽，牛刀小試，圓滿順利，回到麗江後，我帶著大小兩背包，告別友人，信心滿滿的往中甸前進。

　　四周雪峰林立的中甸，海拔約3300公尺，是迪慶藏族自治州的州府，目前已更名為香格里拉。儘管事前看資料就知道此地已是成熟的旅遊城市，但當我背著背包一下車，還是怔在那裡，看傻了眼。賓館、網吧、銀行、餐廳林立，大廈鱗次櫛比，好不熱鬧，都怪自己先入為主對「香格里拉」有著某種期待！

　　「香格里拉」四字源於一九三四年，英國作家詹姆斯‧希爾頓（James Hilton）所寫的小說《失去的地平線》（*Lost Horizon*），後人對希爾頓的最高評價是他創造了一個英語新詞Shangrila，意思如「理想國」，中文直接音譯為「香格里拉」。小說內容敘述幾位西方人所搭乘的飛機，被一個神祕的東方人劫機飛往喜馬拉雅山區香格里拉藍月山谷，接著是一連串神奇的經歷，小說另被拍成電影，記得在我讀大學時看過（約三十年前了），主題曲宛轉動聽，走出電影院時我還反覆在想：世上真有這樣一個地方嗎？它會是在哪裡呢？

　　在藏傳佛教經典中有「香巴拉」（類似理想國、極樂世界）的記載，一般認為，希爾頓的Shangrila應該是對香巴拉的模擬及想像。另外，二十世紀初，美國植物學家洛克曾擔任美國國家地理學會探險隊的領隊，數度深入康巴藏區，歷時二十多年，其間撰寫系列探險文章刊載於美國《國家地理雜誌》，希爾頓從未到過藏區，一般猜測，他的小說所依據的便是洛克的報導資料。

　　由於「香格里拉」一詞所代表的不僅是美麗的自然風光，更象徵如天堂般的理想境界。因此，為了旅遊號召力，大陸不少城鎮爭相以此命名。最早，四川的稻城與亞丁、雲南的中甸與麗江，都曾對外宣稱它們就是「香格里拉」，最後由中

白水台係納西族東巴教的聖地，岩溶地貌層層疊疊如梯田。

奶子河馬店位於奶子河畔，傳說七世達賴喇嘛把喝剩的牛奶倒入河中，河水立即變得像牛奶一般潔白。

甸勝出，正式更名。

　　中甸的主要景點有噶丹松贊林寺、納帕海、碧塔海、屬都湖、白水台、碧讓峽谷等，這些自然美景，在四川、雲南和西藏交界的區域都看得到。因此，另有專家學者和旅遊者提出「大香格里拉」概念，也就是說香格里拉不是單一地方，而是廣大的區域，包括北起四川若爾蓋草原、南至雲南麗江、西至西藏林芝、東至康定和瀘定一帶。對照小說中所描寫的香格里拉景觀特徵，如金碧輝煌的喇嘛寺廟、蒼涼雄奇的雪山冰川、風格獨具的民居、巍峨聳立的高山峽谷及浩蕩奔騰的江河等，這些在大香格里拉區域內，都不難發現。

　　更名為香格里拉後，一波又一波的人潮湧向中甸，確實帶來利多，但相對地，有得就有失，這是世間不變的法則，兩相權衡，如何擇取，就全靠智慧了。

　　避開繁華的城區，我住進城郊的藏式民宅「奶子河馬店」，離噶丹松贊林寺步行約二十分鐘，這家民宅非常安靜，我連住三晚。因為尚未進入旅遊旺季，只有一個外號石頭的年輕小伙子看店，石頭大多在旅客交誼廳看電視，偌大的客棧庭院，通常只有我和幾隻貓狗共享。

　　噶丹松贊林寺離縣城中心約五公里，是雲南境內最大的一座藏傳佛教格魯派

松贊林寺有「小布達拉宮」之稱。

松贊林寺一隅，舊僧房古樸肅靜的矗立於藍天下。

寺院，十七世紀時由五世達賴喇嘛親自選址，仿布達拉宮的格局，依山勢層層而上修建，所以有「小布達拉宮」之稱。目前據說有僧侶七百多人，整個建築鍍金銅瓦，金碧輝煌。

我在白天前往寺院參觀後，連著兩個晨昏，都漫步到松贊林寺對面的山坡上，把自己包裹妥當，安坐在冷冽的寒氣中，就著隨身攜帶的MP3輕聲誦經和持咒，構築我自己的香格里拉。

在接近零度的清晨，坐在猶結霜的草坡上，面前隔著已乾涸成為草澤地的拉姆央措湖和松贊林寺對望。隨著太陽從山脈後方緩緩探頭，陽光一點一滴地喚醒酣睡的大地，我雖然聽不到誦經聲，但知道早課就在那經幡幢幢的殿堂中進行，一片安詳寧靜的悠遠氛圍，如波浪般一圈一圈和著民家炊煙往外擴散。黃昏時，坐在同樣的草坡，靜靜看著高低錯落的寺院，在晚風中隨著夕陽餘暉變化光影，白日將逝，夜暮降臨，時間的流轉不正如生命的生滅？

來回的路上，有一個轉彎處，可以將整個香格里拉城收入眼底，而在不遠處的外圍山坡上，高高矗立著以漢、藏文書寫的斗大字「香格里拉」。我總會站定一會，望著香格里拉城，望著「香格里拉」大字，與其說香格里拉是一個地方，不

如說它是一種象徵性的心靈境界，每個人都對香格里拉心懷嚮往，每個人也都在尋找香格里拉，但它到底在哪裡呢？如果你的心一點都不「香格里拉」，找到一個名稱叫香格里拉的地方有任何意義嗎？

「香格里拉」若用中甸地區藏語發音，意思正好是「心中的日月」，這不是一切都明明白白了嗎？意味著香格里拉不在天上，也不在遠方，它就在我們的心中。

位於松贊林寺旁的民家，晨曦中，炊煙嬝嬝。

禪宗有一則記載，一個比丘尼在悟道後寫了一首開悟詩：

終日尋春不見春，芒鞋踏破嶺頭雲；
歸來偶把梅花嗅，春在枝頭已十分。

看來人總喜歡捨近求遠，反而忽略了近在身旁，甚至就藏在自性心中的寶物。

我在要離開的前一天，來到了位於南邊的舊城區，這裡仍有著濃濃的藏式風味，在舊城區中心有座名為大龜山的小山丘，山下有座藏經堂，山上有座古老佛寺，佛寺旁建有一個據說是目前世界上最大、最重、經胎最多的轉經筒，高19公尺，直徑6公尺，重60公噸，筒內裝有一百二十四億〈六字真言〉經胎。轉經筒表面鑄有觀音、文殊、普賢、地藏四大菩薩法像，每轉一圈就等於誦念一百二十四億〈六字真言〉。

抵達時，只有四位穿著傳統服飾

舊城區位於城南，房屋老舊，和城北的新城區形成對比。

一手持念珠，一手轉大經筒，低低的〈六字真言〉
誦咒聲，迴響在大龜山上。

拄著拐杖，一圈又一圈繞著藏經堂轉經的老婦
人，行動遲緩，卻一臉專注虔誠。

的老婦人繞著轉經筒慢慢走著，我試推了一下轉經筒，紋風不動，只好也跟在她們身後口誦〈六字真言〉慢慢走著。

走著走著，忽然，如如不動的經筒緩緩順時針移動了，原來來了三個年輕小伙子，正在使勁推經筒，我和老婦人見狀，趕緊雙手合力大家一起往前推，碩大的轉經筒終於規律的轉動了起來。

啓動不容易，但一旦開始轉動，要使其持續就輕鬆多了，每個人又恢復一手轉經筒，一手持念珠的姿勢，現場迴響著低低的誦經聲，一圈又一圈，是和筒內的一百二十四億〈六字真言〉產生了共鳴吧！我感覺可以輕易地與自己的佛心相應，那是一種單純的「存在」。

陸陸續續又來了一些人加入轉經行列，不知轉了多少圈，我滿身大汗，看到那四位老婦人全坐到旁邊休息去了，我也跟進，一邊喝水一邊居高四望，下方藏經堂有一位拿著拐杖的老婦人，從我之前參觀藏經堂時就在轉經，到現在仍然在轉，每轉一圈就在窗台上放一粒石子計數，我看她行動遲緩，可是一臉虔誠安

詳，我相信，對她而言，當下她就身處於自己建構的「香格里拉」中！

再回頭，那四位老婦人休息夠了，已經又回到行列中，白髮下滿布皺紋的臉龐也是寫滿安詳自在。

是因為當生命逐漸和死亡靠近時，自然而然就會有一份洞察力產生嗎？還是因為老年人已走過人生大半歲月，所以才有足夠的智慧看清一切都不需往外求，明明白白「香格里拉」就在自己心中？

那首西藏民歌〈香巴拉並不遙遠〉，不覺清亮地在我心中響了起來——

有一個美麗的地方，人們都把它嚮往。

那裡四季常青，那裡鳥語花香，

那裡沒有痛苦，那裡沒有憂傷，

它的名字叫香巴拉，

傳說是神仙居住的地方。

哦，香巴拉並不遙遠……

它就是我們的家鄉。

傳統裝扮的老婦人，轉經轉累了，就坐在草地上休息聊天。

神山佛國

離開香格里拉後來到德欽，這裡海拔要再高些，是滇藏線上雲南境內的最後一個重鎮，我到這兒來的最大願望就是「轉神山」。

　　轉神山是藏民的一種宗教傳統，生長在高海拔的他們，不管信奉哪一教派，普遍相信連接天與地不同層次兩個世界的媒介，就是聳立的高山，遠在吐蕃時期，人和神之間的溝通就是依靠高山，高山被視為天神回天界與下凡間的「天梯」，天梯也就是神山，而藏地所有著名的神山幾乎都是由蓮花生大師所降伏。

　　梅里雪山是藏地八大神山之一，正確的說，它其實是雲南和西藏交界的怒山山脈的一段，再細分為北段稱梅里雪山，中段稱太子雪山，南段稱碧羅雪山，但當地習慣把在雲南德欽縣境內的北段、中段合稱為梅里雪山。整條山脈有著數以百計的雪峰，4000公尺以上的有二十七座，5000公尺以上的有二十座，6000公尺以上的有八座，其中最為險峻奇秀的有十三座，俗稱為「太子十三峰」，最高峰就是海拔6740公尺的卡瓦格博峰──雨崩神瀑就位於其南側峭壁下。

　　傳說卡瓦格博峰原是九頭十八臂的凶煞神，被蓮花生大師點化，皈依佛教，做了千佛之子格薩爾王（西藏歷史上的民族英雄）的一員大將，因戰功顯赫，統領邊地，成為守護神，故又被稱為「太子雪山」。每年秋收後，藏民都會扶老攜幼前來念經焚香禮拜轉山，他們相信轉山可以保佑平安；可以增加功德；可以洗清罪孽；可以免受輪迴之苦。

　　當我站在梅里雪山最佳觀景點飛來寺附近的平台，隔著瀾滄江溪谷，遠遠望著神山真真切切的在晨光雲霧中浮現，終於明白，為什麼有人在這裡簡陋的客棧一住十天、半個月，不親芳澤誓不離開，唯有親自面對這磅礡奇偉的冰峰雪巒，才會明白所謂神山的聖潔氣質。即使你不是佛教徒，置身清晨冰冷的寒氣中，看

著晨曦中，連綿的雪峰帶著直指蒼穹的聖潔鋒芒，從雲蒸霞蔚中浮現，一種語言文字無法形容的神聖感覺便會油然而生。

　　一般而言，轉神山分為「外轉」和「內轉」，外轉從瀾滄江畔的羊咱村出發，沿梅里雪山山脈順時針方向走一圈，全程約300公里，約走十至十五天；內轉三至五天（起始點不同），由於土路已通到西當溫泉，一般從溫泉（海拔約2600公尺）開始徒步，翻過那宗拉埡口（海拔約3700公尺），往下走到「雨崩上村」（海拔3200公尺），再下一深溝爬上「雨崩下村」（海拔3050公尺），續前往海拔約3450公

位於梅里雪山觀景平台旁的梅里客棧，男女主人為四川老婆及西藏老婦。

尺的雨崩神瀑。原路下山回到西當溫泉，再轉往相距約四十多公里外的明永村
（海拔2300公尺），徒步經太子廟（海拔2900公尺），上到最高點蓮花寺（海拔約
3200公尺），沿途有許多昔日蓮花生大師修行的聖跡，並可近覽從海拔5500公尺直
洩至2700公尺的明永冰川。

　　我走的是「內轉」，我看待轉神山的意義當然不著重在保平安、增功德、洗罪
孽。在我的感覺中，轉神山和轉寺廟的轉經道意義相似，都能在轉的過程中沉
澱、淨化、提昇心靈，有時會錯覺以為自己正在「雲水行腳」。以前寺院稱遊方僧

飛來寺附近藏民發動整理梅里雪山觀景平台，遠處的梅里雪山已經隱入雲霧中。

人為「雲水僧」，遊方僧人有如行雲流水用雙足走遍四方，我嚮往那種如雲在天、如水在瓶的無礙意象，正因如此，轉神山對我就具有特別無比神聖的吸引力。

昨晚住在設備陳舊的西當溫泉，巧遇兩位要前往雨崩村蓋房子的木工，我怕彼此牽制，今早他們還在吃麵，我打聲招呼就自個兒先出發了。

這段山路要爬升超過1000公尺高度，大多是之形上坡，我把背帶調整好，呼吸調勻，上身微向前傾，一步一步往上邁開步伐，泥土路面的山徑，清晰印著前人走過的鞋印，深深淺淺，大大小小，代表著不同的人，我想像著每

飛來寺很小，但名氣很大，相傳有尊釋迦牟尼佛像從藏地飛來此地，故在此建廟得名。

個和我一樣流汗走在這條路上的人，他們懷抱著什麼樣的心情而來？

汗水開始往下滴，滴落泥土中無聲無息消失，路，無止盡的上坡，偶爾平緩些，經過的樹林林相豐盛，視野有限，有時會出現開闊處，可以清楚看到隔著瀾滄江對岸的山巒，飛來寺的觀景平台也一覽無遺。

正走得忘我時，從山上下來兩位先生，看起來不像藏民，我對他們笑了笑，算是打招呼，側身一旁讓他們先過，其中一位先生，回頭問我：

「只有一個人啊？」

「嗯。」

「好樣的！」他對我豎起大拇指。

好樣的？不知道是哪一省的形容詞，看樣子是在誇獎我，但是為什麼要誇獎我？是認為一個女性獨自山中健行，很了不起嗎？獨行在一般人眼中覺得勇氣可嘉，但往往只是因為個人的臭脾氣，不喜歡群眾，喜歡獨享寧靜的空間，因此選擇了一種不同的行走方式，說穿了其實也不怎麼樣。

走約三小時後，兩位木工從後面趕上我，他們誇我走得真快，追了半天才追上我。

我笑笑，事實上我走得不快，放鬆身心，步伐配合呼吸節奏，像一條小河流慢慢淌著，這樣的好處是不太需要停下來休息，不像他們走的速度快，但相對地休息次數也多。

再往上爬，遇到了馬隊下山，遊客坐在馬背上，由馬伕牽著慢慢走，馬身上的鈴鐺叮噹叮噹響，和著馬伕快樂的歌聲，在森林中迴響開來。

沒多久，就抵達最高點海拔約3700公尺的那宗拉埡口，

馬隊鈴鐺聲和著馬伕快樂的歌聲，飄揚於森林小徑上。

雨崩村分為上村（上圖）和下村（下圖），只有三十多戶人家。

經幡飄揚，一小塊空曠處設有休息站，供應飲料、餅乾，西當和雨崩的馬伕也是以這兒為分界點，再過去一路下坡，很快抵達雨崩村。

設於海拔3700公尺的那宗拉埡口，是中途最大的休息站。

這段路程，旅遊書上大多記載約需五至六小時，算算我走了四小時多，體力還算不錯。

雨崩村分為「雨崩上村」和「雨崩下村」，共約三十多戶人家，上村和下村之間隔著一條山溝，兩個小村落清新如世外桃源，應該歸功於不通公路的緣故吧！以雨崩村為住宿點，可以放射狀前往神瀑、大本營（昔日攀登卡瓦格博峰的基地營）和神湖，而我這回只打算徒步前往神瀑。

先到晚上要住宿的「徒步者之家」登記，這間民宿恰好位於上下村之間的開闊地，視野寬廣，主人阿那主很和善，告訴我神湖上星期還下雪；神瀑這幾天氣候不太穩定，早午變化很大；昨天有三十多人住雨崩，今天到現在為止只有我一個人；雨崩村是藏音，雨指「綠松石」，崩指「往上堆積」，指的就是正對村子前方的那座綠色山丘。

我就面對著窗外那座「往上堆積的綠松石」小山，享用阿那主為我煮的熱騰騰湯麵，吃完看看手錶才一點多，天氣還不錯，原本計畫明早才去神瀑，臨時決定這就出發，估計五小時內來回。

迢迢雨崩
神瀑路

　　我獨自一個人，佇足於往梅里雪山雨崩神瀑的冰原雪地上，天氣轉壞，從毛毛雨加劇如豆大，沒有登山杖也沒有冰爪，我在雪地上已連滑數跤，極目四望，千山鳥飛絕，萬徑人蹤滅，一片蒼茫寂靜，只有零星的經幡、手腕的念珠和心中的佛號讓我知道自己不孤單……。

　　從「徒步者之家」出發，穿過雨崩下村後，小路彎進樹林中，不時傳來村民放牧在外的牛隻脖頸上的鈴噹聲，左側是神瀑河，由高山積雪融化而成，山徑依傍著河流走了許久，中途在河流對岸出現好幾道殘破小冰川，河邊平緩處並有藏民用石塊堆積成高高低低、大大小小的祈福瑪尼堆，接著小徑轉為之形上坡路，於森林中逐步爬升，兩旁處處橫臥著巨木死亡後殘留的樹屍，成為供養各種菌類和昆蟲的天堂，這些原始林在沒人類干擾的空間肆意生長，枝葉茂盛，蔓藤牽扯，自成一森林王國。

　　穿梭於森林中的山徑，有時平緩，有時陡峻，偶爾還會和河流並行小段，剛開始陽光還不時穿過層層樹蔭灑在身上，隨著海拔升高，陽光消失了，天候變差，飄起毛毛雨，不知走了多久，這才走出森林。

　　森林外，迎面而來是一大片空曠的野地，四周積雪的山峰連綿，都是懸崖絕壁，無數冰瀑懸掛於峭壁上，地面凍土殘留著多雪痕跡，穿插著一些光禿禿的矮樹及灌木，前方遠處是刀削斧劈的雄勁陡峭山峰，看似資料上記載的五冠峰，但山頂雲霧深鎖，無法分辨。

　　雨時大時小下著，我在空曠的野地上靜立了一會，體會著自己的渺小，敞開身上每一顆細胞，緩慢而悠長地深呼吸著，接受大自然神奇力量的灌頂。

小徑傍著由高山積雪融化而成的神瀑河，蜿蜒上升。

在路跡不明中往上走，積雪厚薄不一，我只能憑經驗判斷，盡量沿著有石塊突出的堅硬地面走。忽然聽到嘩啦嘩啦的水流聲，我猜想是從神瀑流下來的，只要找到小溪，逆著往上爬，應該就可輕易找到神瀑，想著想著有點興奮，趕緊四處找了一下，真的有條小溪流被覆蓋在積雪下。在找的過程中，意外發現有些冰層，上面看似完整，但因雪融速度不一樣，底部早成中空，萬一不小心踩到，很可能就會斷裂，這讓我更加如履薄冰。

雖然找到小溪，可是往前走沒幾步，小溪又消失在覆雪之下，天氣更壞了，雨勢加劇如豆大，視野變差，雪地變得更滑，我連滑數跤，極目四望，一片蒼茫寂靜，腹中飢腸轆轆，中午那碗湯麵早已消化殆盡，我不禁因為筋疲力竭而感到有點心灰意冷。

這就是我會獨自佇足於冰原雪地上的始末。

我望向手腕上的念珠，這是一位虔信藏傳佛教的朋友自印度靈鷲山請回，經普巴金剛竹千法會十日夜加持過的。望著念珠，佛號同時在心中連綿響起，一抬眼，視野接觸到四周蒼茫的雪地，剎那間，眼前浮現聖嚴師父瘦削的身影於寒冬行過法鼓山紐約象岡道場雪地的一張照片……

黃昏夕照下的雨崩下村，一片寧謐。

　　前兩年，我有幸曾有機緣整理聖嚴師父早年於海外弘法的資料，無數次有感於師父弘法之艱辛與過於常人之毅力而悄然落淚，哽咽不能自己。師父以四十歲的高齡，獨排眾議前往日本攻讀博士學位，節衣縮食，日夜苦讀；師父於風雪交加的深夜，流浪在紐約街頭，找不到掛單的住宿處；師父為了節省費用，帶著弟子從街頭撿回別人丟棄勉強仍可使用的舊家具；師父為弘揚佛法，數十年來，以瘦弱病軀風塵僕僕往來於世界各地；師父……。相較於師父，我這不過只是尋個神瀑而已，小小挫折就心灰意冷？真是汗顏！

　　精神陡然一振，我先從背包中取出一條Power Bar，這是一位熱衷於海外雪地

登山的朋友相贈的，外型有點像巧克力厚片，其實就是濃縮的營養補給品，可以瞬間補充能量，恢復體力。因為寒冷，Power Bar被凍成奇硬無比，我用力嚼著，食不知味，真的如朋友事前警告的「有夠難吃」。

　　吃完「活力棒」，我繼續往上爬，為了安全，依然緊沿著右側峭壁走。走了一

緊貼著岩壁修建的蓮花生大師修行小廟。

陣子後，光溜的懸崖峭壁上出現一條從頂傾洩而下的瀑布，我驚喜交集，但心中隨即出現問號，這是神瀑嗎？看起來和書上圖片有點像，可是周圍找不出其他輔助標誌，十之八九這不是神瀑。

我計算一下時間，回程還要登上右側半山峭壁上的蓮師修行洞禮佛，安全考量也不允許我再獨自往山裡走，我決定將這條瀑布視為神瀑，至少是我心目中的神瀑。

取出水壺，我想盡辦法接近結冰滑不溜丟的瀑布下方，先喝了一口，冰涼沁心，再把水壺裝滿，這才心滿意足的打道回府，往蓮師修行洞的方向上爬。

這座位於海拔3600公尺高的峭壁上，供奉著蓮花生大師的小廟，是從昔日鄔堅師禪洞（即蓮花生大師洞）順勢修建而成。所謂洞，其實也只是由絕壁上往內凹進去的一個小空間，廟前有一條人工修建的羊腸小道連接到下方雪原。

我爬到廟前，意外看到一對年輕男女藏民和老母親正在生火，語言只通一兩句，比手畫腳半天才搞清楚他們從四川甘孜來轉山，晚上要住在廟旁邊的小木棚裡，我比畫著夜晚溫度下降會非常非常冷，為什麼不下去村裡借宿藏民家？他們只是憨笑著搖頭擺手，不知到底聽懂沒？我掏出背包中的餅乾和糖果送他們，他們也推辭許久才收下。

在小廟內點燃一盞酥油燈，虔誠祈禱後，我取出風馬旗掛到廟旁的古樹上，靜靜在廟前站了一會，俯瞰下方雪原，剛剛走得狼狽不堪，現在遙望只覺得晶瑩聖潔，不知是否因為高僧大師的修行聖地有一種自然的氛圍，能讓心安定下來。

雨小了，風強了些，將四周無數的風馬旗吹得啪啪響，就讓風為我在聖地日夜誦經祈福，祈願眾生都能離苦得樂……。

有個藏族老人
叫阿金……

海拔2900公尺的太子廟，煨桑*煙霧嬝嬝，阿金盤腿坐著，專注念誦〈卡瓦博格峰諸神禮讚經文〉，另兩名藏民在一旁對著寺院禮敬叩頭，經幡旗在他們四周飄揚翻飛。我望著這畫面，覺得自己與他們之間的緣分真是不可思議！

　　這三位藏民是我前天往雨崩神瀑，路過下雨崩村中一小廟時遇見的，當時他們正繞著小廟轉經，我看廟門深鎖，拍了張照片就想離開，結果年紀最長的老藏民向我招手，比畫最少要轉廟三圈才能走。三人中，那位年輕阿尼（尼姑）捂著嘴笑，我看老人一臉誠懇，便也笑著跟在他們後面轉了三圈；接著，老人要我幫他們拍照，照好後，他比畫半天，我才搞懂原來他想要相片，我一邊搖頭一邊給他看視窗，表示只能看，沒法立刻洗出來。我問他們住哪裡？我沖洗好就寄給他，但比了半天他們不懂，周遭又沒人可翻譯，最後只好做個抱歉的表情離開。

　　昨天早上我一走出客棧，正好看到他們背著布包要離開雨崩村，原來他們也是轉山者，不是當地居民，他們對我比畫著要不要一起下山？我做出還沒吃早餐的動作，他們笑笑，一步也不停的往前走了。

　　後來當我爬上最高點的那宗拉埡口，他們正好休息完要出發，看到我，等了我一會兒，又招呼我一起走，我便跟隨在他們後面下山，三人都不多話，只是安安靜靜、有節奏地走著，我喜歡這樣的偕行。途中遇到一位來轉山的僧人，他們禮敬供養的態度看得出是虔誠的信佛者。由於一路下坡很輕鬆，我們均未休息，倒是阿尼下坡走不快，慢慢距離拉遠了，最後一段只剩我陪著阿尼在後面慢慢走。

　　回到由四川人承包經營的西當溫泉，一屋子馬伕和師傅在打牌、吃飯、聊天，吵雜得很。不知是否我錯覺，剛剛在山中很自在的他們三人，突然就顯得很

＊註：藏族燒松枝祭祀神靈的一種方式。

微笑是世界上最好的溝通語言。

阿金煨桑後，專注念誦〈卡瓦博格峰諸神禮讚經文〉。

覥腆，一副手足無措的模樣，我請老闆找個會說藏語的人，幫我告訴他們，我和他們很有緣，謝謝他們帶我下山，我想請他們吃飯，再搭我便車去明永村，明天一起轉明永冰川。

從西當溫泉到另一轉山起始點明永村，距離約有四十多公里，沒有公交車直達，我原先計畫是搭便車，否則就先搭一小段中巴車，然後步行。但遇到三位藏民後，我改變主意，我知道一般藏民轉山全靠步行，那位藏民老者年紀不小了，讓他在五月豔陽天下走四十多公里沙土路？我有點不忍心。

包車上，我拜託師傅居中翻譯，師傅表示地域不同，三名藏民說的話有些他也聽不懂，只好來來回回一再溝通，終於知道原來三人來自四川得榮縣，年紀最長的老者叫「阿金」，七十二歲，識字，會說幾句普通話，他

已來過三次，這回是特地陪兩位不識字的鄰居來轉山，他們除了從家鄉到雲南德欽縣城搭車外，都用走的，夜宿藏民家，三餐吃自己帶來的酥油茶、糌粑。

　　阿金拜託我將拍他們的照片寄給他，我說沒問題，請他將住址給我，他用藏文寫，師傅幫忙翻譯，「四川省，得榮縣」，翻到村名就傻眼了，不知對應漢字是哪個字，我照著發音在地圖上搜尋，找不到，只好先記下藏文，希望屆時郵差看得懂。

　　車抵明永村已近黃昏，我擔心他們住宿問題，阿金請師傅告訴我不用擔心，過冰河橋往山坡走，就有熱心的藏族人家會提供免費住宿。在冰河橋頭分手時，他用手指對我比了個八，又指了指橋頭，

蓮花生大師留下的腳印及指印。

再指往山上方向，我明白是約明日一起轉山的出發時地，便跟著重複一遍他的動作，他們三人看著我比，笑得十分開心。

　　今天一早精神抖擻出發，大約兩小時就來到第一個目標——位於半山腰，供奉著騎白馬、手執長劍、英姿煥發太子神的太子廟，繞著寺廟轉經後，阿金就誦起〈卡瓦博格峰諸神禮讚經文〉來了。

　　明永冰川從卡瓦格博峰往下呈弧形一直鋪展到海拔約2700公尺的森林地帶，綿延11公里，平均寬度500公尺，是中國緯度最南、冰舌下延最低的現代冰川。轉山最高可以上抵海拔3200公尺的蓮花廟。一般遊客大多只騎著騾馬上到太子廟，

欣賞陽光下熠熠生輝的雪山冰川。

　　一路上，因為遊客和騾馬不少，阿金帶著我們避開寬闊的「之」形路，走捷徑，遇到比較陡峭的山坡，他都會回頭指著我向阿尼吩咐什麼似地，後來知道他是要阿尼幫忙我。我在心裡偷笑，阿尼自顧不暇，有時還需我拉她一把呢！

　　阿金不愧已來過三回，對沿途每一聖跡瞭若指掌，高僧大德留下的腳印、生命之樹、狸貓去印度之洞等，每個聖跡他都會停下腳步對其他兩人詳加解說，只可惜我一句也聽不懂。

　　往蓮花廟途中，來到一個山溝裡的聖地「空行母的舞池」，立有一解說牌，傳說這裡是蓮花生大師妻子，一位修得正果的空行母修法起舞之處，阿金要我們卸下背包，然後隨他像猴子一樣拉著蔓藤往後側的山崖峭壁上爬。解說牌上有說明峭壁上面還有聖跡，包括天然形成的佛教聖物白海螺、蓮師修行打坐的石頭大法座、和雨崩神瀑同樣神聖的水簾小神瀑等，若非阿金，我肯定一個也找不著。我們爬上去後，一一禮敬膜拜，阿金並帶領大家在水簾小神瀑之下誦經經行，冰涼的水花濺濕了臉，我伸出舌頭舔了一下，如甘露一般的聖水。

在阿金帶領下，我們沿著山壁、拉著藤與蔓往上爬，尋找聖跡。

轉經完成後，阿金對我比畫著要繼續往上爬，直接翻過山脊，這樣比較快，但，不行啊，我背包中有貴重東西，不能扔在路邊，我急著比手畫腳，表示我必須下去拿背包，阿金會意了，露出一個微笑，對著阿尼吩咐幾句，一個轉身仍自個兒往上爬，阿尼拉著我的手，示意要陪我下去，再爬上來。

　　我一邊隨阿尼往下降，腦中卻揮不去剛剛阿金嘴邊的那抹微笑，是在笑我怎麼急成那樣嗎？我一下覺得自己充滿「現代人」的悲哀，現代人的煩惱不是來自貧乏，而是來自「擁有太多」，肩上背的太多，手裡提的太重，心中填的太滿，到哪裡都牽掛放不下，這怎能不苦啊？

　　唉，昨天我還自以為人家可憐，看來我才是可憐的人哪！

　　翻過山脊，接回山徑，終於抵達最高點蓮花廟，可以貼近看冰川，冰川上有大小不一的冰洞，千姿百態，不時傳來冰體轟然崩塌發出的巨響。廟後靠冰川邊有個被樹林環繞的圓形廣場，中間是個堆得高高的瑪尼堆，上面插滿風馬旗，資料上記載有個「大屍林」瑪尼堆，轉山人會帶來自己死去親人的骨灰，撒在堆上，不知是否就是這裡？

　　一九九一年，中日聯合登山隊攀登梅里雪山主峰卡瓦格博峰，由於突降大雪，登山隊放棄登頂，在返回海拔5100公尺的三號營地時，遭雪崩全體遇難；直到一九九八年，隊員的遺骸和遺物才在大屍林上方海拔約4000公尺的地方被找到。山難發生之處離此直線距離約4公里，兩地之間冰崖縱橫，還有山脊阻隔，可是屍體竟然隨著冰川移過來了，方向是藏民轉山的順時針右繞，真是不可思議！當地流傳因為這裡經幡飄飄，是靈魂最後的安息地，所以卡瓦格博峰神靈把屍體移過來了。

　　完成蓮花寺朝聖後，阿金借寺廟廚房，由阿尼打酥油茶，我們彼此分享著糌

因角度關係，遠望過去，明永冰川似乎正以排山倒海之姿朝著太子廟壓頂而來。

粑和餅乾。下山時,三人看起來都很心滿意足,阿尼持續低聲誦經,其他二人則唱著旋律簡單但聲韻優美的和聲。半路遇到一位騎馬上山的時髦小姐,看我們灰頭土臉,對她的同伴說:「喔,這種就是很窮的人來轉山的啊!」我忍不住在心裡對她說:「人窮志不窮、心不窮。」

阿尼用傳統的工具打出香噴噴的酥油茶。

回到明永村,我再度請他們用餐,分手時(他們還要前往另一朝聖地),阿金一直拉著我的手放到他額前,口中喃喃說著,我知道意思應該是之前他請包車師傅告訴我的:「妳很善良,我們不知道要說什麼,只有誠心祝福妳一路旅途平安。」我眼眶一熱,趕緊雙手合十回報。

想起他們拿到我送的達賴喇嘛的甘露丸及貝諾法王的金剛結時,臉上的虔敬神情,相信諸佛菩薩一定會一路保佑他們順利完成朝聖之旅,平安返家。

看著他們三人邊往前走邊回首頻頻向我揮手道別的身影,眼前如走馬燈般浮現我們一起坐在樹林中,彼此用簡單幾句話加比手畫腳溝通的畫面;以及當他們知道我會拼讀藏文、看到數位相機景窗內的自己、聽到MP3內自己的聲音時,笑得如孩童般純潔的天真表情;還有輪流聽我錄的〈蓮花生祈請文〉、〈百字明咒〉、〈六字大明咒〉、藏語《心經》等,隨之誦得入神的專注虔誠神態……。

我想我這一輩子都不會忘記他們三個人!

我被放鴿子了

　　昨晚住進明永村「仁欽藏家苑」，算算已經六天沒洗澡，身上灰塵可能論斤重了，決定奢侈一下住宿含有衛浴電視設備的標間，八十元一晚，和台灣相比算便宜，但和我之前住十元、二十元，最多三十元比起來，簡直是天價了。

　　從頭到腳，舒舒服服的洗了個熱水澡後，我仍然記掛著阿金他們三人，他們還在風沙滾滾的道上趕路吧！直到夜深，我躺在潔白乾爽的床上，聽著窗外轟隆隆冰川河水流過的巨大聲響，仍揮不去他們的影子，斷斷續續作著夢，夢中還隨著阿金三人在山道上走呀走呀⋯⋯。

　　今天是藏傳佛教記載釋迦牟尼佛誕生、得道、圓寂的日子，按原來計畫是早上回德欽後，前往八十多公里外的東竹林寺（德欽第一大寺），參加慶祝法會。

　　昨晚問了今早車子開回德欽縣城的時間，班車時刻表寫八點，但櫃台值班小伙子告訴我通常會提早開，要我七點多就下來等。今早一切準備好時約七點一刻，背起所有家當下樓到大廳要退房，正在掃地的女孩看到我怔了一下。

　　「阿姨，您今天要離開嗎？」

　　「嗯，我搭八點那班車回城裡，說是要提早下來等不是嗎？」

　　「可是，可是，那班車剛剛已經開走了。」

　　我一聽大吃一驚，女孩跑進櫃台後叫老闆，老闆出來一臉歉意：

　　「哎，不好意思，我們不知道妳今天要走，不然就會請客車等一下。」

　　「可是我昨天有跟櫃台值班的小伙子說啊！」

　　「啊，是我兒子，他還在睡覺哩。沒關係，師傅剛走，妳趕快打他手機，拜託他回頭來載妳。」

我依老闆給的號碼撥了手機，接通後，我軟言軟語拜託師傅回頭載我，他說好，過了快十分鐘還沒看到車子，陪我站在馬路邊等著的藏家苑老闆、小妹和隔壁雜貨店老闆娘都覺得奇怪，回頭不用這麼久啊，我再打一次手機，師傅說往回開快到啦，我便向客棧老闆告辭，先往村外路口走，這樣客車就不用再開回村裡。

　　走到村口，坐在路旁等候，不斷有人家趕著自家牲畜走過，有的是要去田裡工作，有的是要去放牧，有的是要去輪班載遊客上山，動物身上鈴鐺清脆伴著飼主的吆喝聲，陽光漸強，一天的工作即將展開。

　　清晨的空氣清新寧謐，我心中卻有著疑惑和浮躁慢慢擴大，車子怎麼這麼慢還沒到，師傅不會騙我吧？我安慰自己，他何必騙我呢？但萬一他真的沒回頭呢？搭不到車怎麼辦？今天所有計畫不全泡湯了？

　　諸多念頭在腦中翻攪，等了許久，連個車影也沒，撥師傅手機，再也打不通，只好悻悻然背著背包再走回藏家苑，老闆和小妹看我又回來了，問：

　　「車子沒回頭嗎？奇怪，通常都會回頭的。」

　　「那師傅還連手機都關機，不接我電話了。」

　　「喔，那是沒訊號，山裡嘛，公路盤旋幾個彎後，就收不到啦！」

　　我愈想愈氣憤，一下怒火衝天，忿恨的說：「這師傅怎麼可以這樣？不照班車時刻發車不打緊，還騙我會回頭載我，害我像個呆瓜似地坐在路邊等半天。等我回到德欽縣城，一定要去投訴他！」

　　老闆安慰我可能是師傅有急事要趕回縣城吧，他讓我在大廳內休息，晚一點再看有沒有便車可搭下山。

從明永村再往山裡走，冰川河畔大片草坡上放牧著眾多牛羊群。

九點多、十點過後，上山遊客漸多，除了旅行團，散客都是從德欽包出租車過來，還有人是從麗江包車一路遊玩的，問了幾輛車，有的不願多載人，有的剛好坐滿一車，有的說下午不確定幾點返車……，還有師傅表示可以專程載我回縣城，意思就是要我單獨包車，但我不願意花這種冤枉錢。

最後，我決定不再受制於無奈的等候，禪宗說修行要提得起放得下，這道理用在生活中也一樣，既然今天離不開，何妨再住一宿，這麼簡單，就當放假一天，悠閒地逛逛，寫寫日誌，看看書。

大自然中的花草樹木，隨著四季轉換風貌。

回到藏家苑，登記再住一天，把大背包放進一晚十五元的房間後，我帶著小背包，輕輕鬆鬆往山裡逛去。

來到幽靜的山中冰川河邊，找了塊大石頭坐下，天氣真好，我放下綁著的長髮，輕輕梳理著，曾經對自己說，滿五十歲就要將長髮剪短，旅行藏地後，發現傳統藏族婦女無論老少都留一頭長髮，在康巴藏區是已婚盤髮，未婚編數十條小

辮子，拉薩地區則是已婚編雙辮，未婚編單辮，真有意思，我就再多留幾年吧！

梳理好頭髮，我拿手帕用冰川河水洗臉，哇！冰涼有勁，擦乾後，塗上保濕乳液避免乾癢，當乳液在臉上滑過時，想起剛剛怒火衝天那一幕，當時，我一定面目可憎，沒有哪個生氣的人會是可愛的，現在回想，我為什麼要生氣？引起我生氣的「因」也不在眼前，當時在我周圍的都是幫我的人，我應該感謝他們，怎麼反倒是對著他們發火呢？

就算師傅不按時刻表發車，口頭答應卻沒回頭載我，作意的是他的「無明」，我何必對「他」這個人生氣呢？我應該是同情他，同情他被自己的無明牽著鼻子走而不自知才對啊！

有一回聽佛法開示，談到生氣的問題，主講的仁波切舉例，若有個人拿著木棍打你，實際打疼你的是木棍，但是你會對木棍生氣嗎？不會，因為你知道是「人」拿著木棍而非木棍自己跑來打你。進一步看，有個人用言語或行為傷害你，通常我們都會對那個人生氣，但卻看不清，是「無明」掌控著那個人的心，指使那人運用言語或行為來傷害你，那個人的作用不過就像是一根木棍罷了！若是你也跟著起舞生氣，那就是你也被你的「無明」掌控了，若能看清這點，一個人就不會輕易發脾氣。

因為個性急，我曾經是個很容易生氣的人，參加印度葛印卡台灣分會的「內觀十日禪」學會內觀後，才變得比較會觀察情緒，比較不會隨著情緒團團轉。

內觀讓人瞭解到：當憤怒在心中生起時，在色身層面上同時也會發生兩件事。比較粗的層面上，是呼吸首先就失去了常態，變得稍微粗重、急促；比較微

位於明永村與冰川之間的此大型祈福塔及經輪，據說是為了保護村莊免受冰河侵襲而興建。

細的層面上，因為身心是互相緊密關連的，當身體結構開始生起一種生化作用，一種電磁作用也開始了，會有熱氣遍滿全身，悸動、緊張遍布內心。

長期練習內觀後，當憤怒生起時，大多時刻我都能立刻自我覺察到：我在生氣，憤怒起來了。然後除了靜靜觀察，什麼都不做，就只是靜靜觀察。不嘗試趕走憤怒，也不壓制憤怒，就只是觀察色身粗細層面變化的實相，繼續觀察，然後憤怒就會變得愈來愈弱，最後自己消失了。

可能是生活中太久沒有碰到會引發我氣憤的狀況，以致疏於練習，所以，今天境況一來，又故態復萌，舊習氣佔上風，把內觀拋到九霄雲外去了。這麼看來，我還真應該感謝那位不知名的師傅，感謝他讓我再度有了一個內省的機會。

我找了塊平坦的大石塊，單盤坐穩，背部和頸部挺直，閉上眼睛，嘴巴輕合，沒有任何想像或臆測，也沒有言語或身體的活動，就只是在經驗的層面上觀察所體驗到的。

此刻能體驗到的，最明顯的就是自己的呼吸——氣息的進來和出去。靜靜坐著，而呼吸持續在進行。我開始觀察氣息的進來和出去，就只是如實觀察著它，深的呼吸，淺的呼吸，經過左鼻孔，經過右鼻孔，進來的氣涼涼的，出去的氣熱熱的……。就只是觀察，不干涉呼吸自然進出的流動，當它自然地進來時，保持覺知；當它自然地出去時，也保持覺知。

葛印卡大師說，這是訓練心專注的第一步。

今天是藏地釋迦牟尼佛誕生、得道、圓寂的日子，我就坐在冰川河流邊的大石塊上，在陽光與山風輕拂中，練習內觀，找回我跑掉的「覺知」。

無翅天使

明天就要離開德欽縣城，進入西藏境內小鎮，黃昏時，我在街上逛了一圈，補充了些乾糧，上網吧發mail，通告好友我接著會在網上失蹤幾天，簡單吃碗湯麵，快七點時回到住宿的「德欽藏家樓」。

今天住多人房，省些住宿費，它是由一大一小兩房打通，內二外三共五個床位，只有一個門出入。一進房間，看到一位中年女子正在外間吃著餅乾及蔬果，行李散了一床，我跟她打聲招呼，說我住內間，順口問她：

「您在用晚餐啊？」

她咬下一大口小黃瓜，說她吃素，外面吃不乾淨。

「您是佛教徒嗎？」

「我是天使，佛的使者，佛要我用三年時間走遍神州，度化有緣人。」

我本來以為她開玩笑，但看她一臉正經，不像開玩笑，接著一個念頭閃過，她是精神不正常嗎？

「姑娘，我們有佛緣，才會相遇，妳可能也不相信我，沒關係，妳把我說的話記在心裡，三年後，妳就會恍然大悟了。」

她接著自我介紹，名叫李霞，東北人，奉佛旨以三年時間行遍神州，三年後，XXX下台，換她上台，她就要以佛教統一中國，統一全世界，勒令天下人全改信佛教，那時社會就不會像目前問題叢生，保證全民和樂，世界太平。

我不想答腔，等她說到一個段落，趕緊改變話題。

「李霞，您是從東北直接過來雲南的嗎？」

她說出來好些個月了，因為要等家人寄盤纏過來，會在這兒多待幾天。接著又開始說她這一路上，找機會到處演講和佛教有關的主題、隨時路見不平幫助可

憐人、用言語點化有緣人。她說很多人說她神精病，「沒關係，不相信我是天使，三年後他們就會恍然大悟了。」

禪宗雖有這樣值得玩味的師徒對答禪語，徒問：「如何是佛？」師答：「即汝是。」不過就算古之禪師大德已從「即心即佛」的體悟，到具體明白指出「你就是！」但我們一般凡人還是不會這樣充滿自信的昭告天下：「我就是佛。」而這位一身白衣的中年女子，卻一再用肯定自信的語氣說：「我是天使！是神派在凡間的天使。」

我心中隱隱覺得有點怪，佛教不講天使啊！天使不是西方宗教的專有名詞嗎？她是不是信教信得有點走火入魔啊！我試探性地提出一些佛法的專有名詞和

學佛路上需要有善知識引導，才能找到回家正確的路。

佛教義理，沒想到，她懂得還真不少呢，顯然不是一般唬人的江湖神棍。

「三年要走完神州也不容易，您怎麼安排路線呢？」

「不用我安排啊，我周圍有很多神隨行，他們隨時會告訴我怎麼走。」

我一聽到她說她周圍有很多神隨行，立即在心中觀想正信佛教的諸佛菩薩，並召喚神聖力量環繞著我，不過，說也奇怪，我並不會怕她，可能因為她在其他方面的認知都很正常，就只是太愛說話，太滔滔不絕了，讓人招架不住，感到有點壓迫感。

八點半，我以打坐為由，回到內間我的床位，她在外間看電視。九點多，我說明天一早要趕車先睡了，她問了一句：「我整晚開著電燈，不會礙著妳吧？」我說不會。

十一點多，起來上廁所，發現她也睡著了，電視開著，只是聲音轉小了些，我有點恍然大悟，原來之前她是說「整晚開著電視」而非「整晚開著電燈」。

再次躺上床，一時間不太有睡意，我不禁想：這位中年女子是信仰狂熱過頭了嗎？還是受到什麼刺激，所以混雜現實、理想；凡人、神佛世界，在真實與虛幻間遊走不自覺。

學佛路上需要有善知識引導，是非常重要的，善知識包括好的老師及同參道友，親近善知識才能聽聞正法，樹立正知正見，才不會誤入歧途而不自知。我對佛法開始感興趣，是在二十世紀末讀了《西藏生死書》，然後雜亂的東看西看有關佛法的書，幸而後來因緣具足進入法鼓文化工作，皈依聖嚴師父，才開始有系統、有次第的聽聞佛法，聽到正信佛法就好像遇到失散多年的親人，常常歡喜的淚水無聲無息不斷地流下……。

像我這種在因緣具足時，立刻毫不猶豫地接受佛法、進入佛法殿堂的人，依佛經的說法，是我在前幾世就曾修行過，而且曾發願生生世世都要再度皈依佛法僧三寶，行菩薩道，所以在潛意識中很容易喚起前世熟悉的記憶，在今世繼續延續前世的發心。

對著山谷呼喊，回音就像我們釋放出的業力，最終都會如實回到我們自己身上。

我的英文名字叫echo，最早是因為喜歡三毛（她的英文名字叫echo），後來丟棄偶像情結，卻發現echo這名字意涵深遠。當你對著山谷呼喊，回音（echo）會不斷迴響著，親近佛法後，我更相信，生命的法則是循環的，每一個大大小小的行為都具有像回力標一樣的特質，我對周遭的人、事、物，釋放出善，回報我的必是善；釋放出惡，回報我的也必是惡。即使只是心中浮現的一個想法，並沒有付之行動，起心動念間也同樣會刻下一個紀錄，終有一天會像回力標一樣全部回到起點，因果就在那時呈現。

所以，在旅途中我也常常自己叫自己echo，它能提醒我覺察自己釋

放出去的一言、一行、一念。尤其在遇到陌生人時，更是不斷釋放善念，讓對方感受到我的善意。

東想西想，睡意漸濃，但一整個晚上，電視聲、刺眼的燈光及李霞間歇的咳嗽加擤鼻涕聲，讓我無法熟睡（或許潛意識裡還是有一點點自我防衛存在？），最後只得再度運用內觀法，引導身心徹底放鬆，即使沒睡著，一樣得到休息的功效——這招在麗江住青年旅館時，因為旅館是舊木造房，隔音很差，碰到隔壁打鼾像打雷時用過，很有效。

第二天一早起來，打坐完畢，整理好背包，七點左右，向李霞道別，她居然說我前世就是修行者（是看我早晚都打坐的緣故吧！），鼓勵我這世還要繼續再修，並要影響周圍的人，我看她說得很誠懇，便口氣認真的問她：

「可是，我不知道要如何才能修得更好？」

「只要認真、用心，就照目前這樣修就可以了。」

走出房門前我問她：

「李霞，走前我想問妳一個問題，為什麼妳要整晚開著電視？」

「給祂們看啊！」

我猜得也是，半開玩笑地又問：

「祂們都不用休息啊？神怎麼會要看世間這些節目？」

「要瞭解我們凡人啊，祂們是挑節目看的。」

可是，我整夜聽到的內容，除了新聞外，都是綜藝節目和連續劇啊……

走出「德欽藏家樓」，我忍不住回頭往二樓再看一眼，無論如何，祝福妳，無翅的天使——李霞！

吟唱雪域詩歌

西藏自治區

幸福是圓的
不容易背

　　早上八點多，離開雲南省境內最後一個大城德欽，中午抵達西藏自治區邊境小鎮鹽井。鹽井是漢語，因為產井鹽而得名，藏語地名是「擦卡洛」，這是西藏東部唯一出產食鹽的地方，也是歷史上「茶馬古道」的重要驛站。

　　要進入村落前，遠遠看到馬路上擋著紅柵欄，讓沒有辦理「台胞入藏函」的我緊張了一下，擔心是邊防檢查站，幸好不是，師傅按了喇叭，柵欄自動升起放行，車子通過時，我瞄到旁邊立著一塊木牌：「芒康縣鹽井木材檢查站」，原來是檢查木材的（西藏林區目前全面禁伐）。

　　從德欽到芒康這段路，所有的旅遊書都說是滇藏線上最糟的一段，正好也是雲南省進入西藏自治區的交界地帶，兩地客車各開至鹽井，乘客互換車輛往回開，以前班車很少，目前已固定每日一班。

　　這大半年來，由於鹽井到芒康途中修路築橋，實施交通管制，每日上午八點前及下午六點後放行，因此，我們必須在鹽井等到下午四點半，換搭前一天從芒康開過來的班車，往前開到管制處，差不多是放行時刻。

　　而這等候的時光，正好可以逛逛鹽井小鎮，看看鹽田。

　　若就地理位置來看，自中甸香格里拉開始即進入「康巴藏區」，若就行政區域劃分來看，則從鹽井鎮開始才屬於「康巴藏區」，康巴在藏語中是兩個字，「康」是一個地理概念，指邊地，「巴」含有人、民族的意思。西藏史籍習慣將藏區分為三部分──上阿里、中衛藏、下朵康，其中「朵康」就是指康巴藏區。

　　相對於西藏首府拉薩（位居中衛藏）而言，在交通不發達的古代，康巴藏區是一個令人望而生畏的荒涼邊地。但康巴藏區雖屬邊陲，昔日藏傳佛教「後弘期」的中興，卻發軔於此，由於康巴藏區偏遠荒涼，使當時的滅佛勢力鞭長莫及，許多

佛教修行者得以藏匿於此區深山中，逃過劫難，埋下後來佛教再度興盛的種子。

康巴藏區的地理範圍大致與橫斷山脈重合，橫斷山脈之所以被命名爲「橫斷」二字，就是因爲山高谷深，橫斷東西間交通，依據地理和地質學家的研究，橫斷山脈是世界上地形變化最複雜最奇特的地區，就地貌而言，山嶺褶皺緊密，斷層成束發育，大起大伏，山勢壯觀。

宛如要搭配橫斷山脈的特殊性，蜿蜒於此區內的河流也不同凡響，中國大陸境內的江河幾乎都是由西向東流，唯獨流經滇藏高原的金沙江、瀾滄江和怒江，因橫斷山脈的關係，轉爲南北方向，形成三江並流的高山深谷險峻風貌。落差高達兩、三千公尺，從谷底到山頂，氣候從亞熱帶、溫帶到寒帶，呈立體上升，而在滇藏交界的這一帶，三江並流非常靠近，據說直線距離最近的相距不過18公里，從空中看，三江並流彷彿在滇藏高原的崇山峻嶺間，書寫成一個大大的「川」字！

鹽井小鎮正好就位於三江之一的瀾滄江畔，瀾滄江發源於青藏高原唐古拉山東北，上游是扎曲河與昂曲河，兩河於藏東第一大城昌都會合後，稱爲雙曲河，之後流到雲南改稱爲瀾滄江，顯然瀾滄江的名氣比雙曲河大多了。

瀾滄江在三江並流處險惡無比，兩岸峭壁刀削一般，赭紅色的土崖和石壁不斷受水流衝擊，蝕出無數窟窿，而紅土也將水流染紅，使這條大江彷彿紅水奔流往南，進入越南稱爲「湄公河」，

一株株成熟飽滿的青稞隨風譜成金黃色的波浪。

再經緬甸、泰國、柬埔寨，流入南海，全長五千多公里。

　　或許因為山高水急，地形惡劣，在康巴藏區有句諺語：「幸福是圓的不容易背，苦難是扁的老黏在背上。」意思是說，土地貧瘠，天災頻繁，苦難想避也避不開，區內人民生活普遍困苦，是不爭的事實。

　　不過，當我穿過鹽井村落，往江岸邊走時，感覺這個小鎮卻是諺語中的例外，這應該和鹽井自古以來便出產珍貴的鹽巴有關。它也是一個美麗和善的山村，一路遇到的村民都很親切，現在正是青稞成熟時期，一株株飽滿的青稞隨風

青稞成熟時期，鹽井下村洋溢豐收的喜悅。

譜成綠油油的波浪，正忙著採收的村民告訴我，青稞收完了接著就要忙種包穀（玉米），一年到頭忙不完，忙雖忙，但從他們的語氣和神情，看得出來這種忙碌是充滿幸福感的！

　　依照村民告訴我的方向，穿過大半個村落，直走到路的盡頭，發現在幾座祈福佛塔的旁邊就是山崖，小路呈之形往下，探頭一看，瀾滄江在既深又陡的谷底，鹽田分布在江岸兩側，資料寫著谷底的瀾滄江海拔只有2000公尺出頭，和鹽

緊臨著山崖的祈福佛塔，日夜守護著信奉藏傳佛教的下鹽井民眾。

井落差近1000公尺，我顧慮若是下到江畔，再往回爬可能來不及搭車，便打消去意，只在山崖邊徘徊，俯瞰欣賞。

　　鹽井至今仍採用傳統的方法獲取鹽巴，村民先在江邊河床鑿井，然後從井內提取鹽水，用木桶背上坡，灌入一塊塊面積約十來平方公尺的土台曬鹽架內（鹽田），讓炎熱的太陽將鹽水曬成鹽巴，由於用來建土台鹽田的泥土土質不同，有紅土和白土，形成同一條瀾滄江左岸與右岸生產的鹽有紅、白色之分，相當有趣。

由於建土台鹽田的土質不同，形成瀾滄江左岸產紅鹽、右岸產白鹽之分。

更奇妙的是，鹽井因地形關係，分為上鹽井與下鹽井兩個聚落，下鹽井住的是納西族，約有一千多人，他們不同於麗江一帶的納西族，住的是藏式碉房，吃的是糌粑和酥油茶，信仰藏傳佛教；而與下鹽井隔著山溝、地勢較高的上鹽井，居住的全是藏族，人口約一千多人，卻有百分之六十的人信天主教，並建有西藏自治區內唯一的天主教堂，教堂由一位法國傳教士於一八五五年創建，最初由雲南德欽縣茨中教堂的神父過來為村民解釋教義及主持活動，直到一九九六年才有

身處窮山惡水，宗教信仰成為支持生命的最大力量。

了第一位藏族神父。

　　可惜我停留的時間太短，來不及前往上鹽井參觀教堂。

　　根據統計，自十七世紀至今，約有一百多位天主教傳教士前來藏區傳教，均徒勞無功，只有在康區的鹽井小鎮建立了這所教堂，但鹽井的天主教也入鄉隨俗，富有濃厚的西藏文化氣息，例如給聖像掛哈達，而受洗過的藏族天主教信徒，見到佛教活佛時也會立刻下跪禮拜，說明了本土文化根深柢固的影響。

　　坐在切割陡深的瀾滄江畔山崖上，我回想著相關書籍記載的這些資料，下鹽井與上鹽井；紅鹽與白鹽；納西族與藏族；藏傳佛教與天主教；瀾滄江是淡水，河床土層下卻是鹽水⋯⋯，這個位於瀾滄江畔的山村，彷彿處處存在著對立，卻又相安無事一片和諧，真是一個耐人尋味的地方。

瀾滄江是淡水，但在鹽井一帶的河床土層下卻是鹽水。

　　老天似乎給予生長在這裡的人有著更寬廣、更包容的心胸，可以隨順接納一切。或者應該說是，因為這裡的人深切體會到「幸福是圓的不容易背」，所以即使是一丁點微薄的、能帶來幸福的因子，也都特別珍惜地捧在手心呵護，因此，他們可以累積出無盡的、平凡中的幸福！

一山分四季
十里不同天

　　客車在「邦達」停下，師傅宣布休息用餐，這又是我拍照的好時機，背起小背包，拿著相機跳下車，想拍攝鎮郊的草原風光，我半跑半走的趕著往回走，不一會突然喘不過氣來，腦門有點暈眩，這才想起，這裡可是海拔接近4400公尺的高處呢，趕緊停下腳步，深呼吸，等一切恢復正常，再慢慢地往回走。

　　邦達是川藏南線和川藏北線公路的交會點，北去藏東大城「昌都」，西去首府「拉薩」，南往「芒康」，早期只建有兵站，隨著旅遊日盛，沿著三叉路交會口興建了一排低矮平房，提供過往旅客簡單食宿，整個小鎮最明顯最富生機的便是邦達兵站和營房，除此一片荒涼。而往北約數十公里遠的邦達草原上，則建有藏東唯一的機場，是世界上海拔最高的民用機場。

　　拍完照，挑了家看起來比較乾淨的川菜館，點了道素菜和一碗白飯，很快填飽肚子，師傅和幾位乘客還在隔壁餐館抽菸聊天。我回到車上，發現前座有位年輕女孩沒下車，手搗著腹部，一臉慘白，原來是暈車、胃痛，我給了她幾片胃藥，心中一邊祈禱她病痛趕快好，一邊回想自己這一路上適應良好，感到無比慶幸與感恩，行走在這條件惡劣的滇藏公路上，說得白話一點，只要「吃得下，拉得出，睡得著，走得動」，就該偷笑感謝老天爺的特別眷顧了。

　　離開邦達，開始翻越橫斷山脈最大的天險怒江山，山口海拔接近4700公尺，這段路全是土石路，雨季時，只要山洪或泥石流一來，便會塌方處處、柔腸寸斷。即使現在是晴朗的豔陽天，透過灰塵滿布的車窗玻璃往外看，仍感受得到兩旁那破碎、風化、崩塌的猙獰山容。

　　公路呈之形曲折盤旋而下，直達怒江畔，怒江發源於唐古拉山南麓，藏語稱為「那曲」，意思是黑水河，斜穿過西藏東部，進入雲南，往南流到緬甸改稱薩爾

從邦達往北是一望無際的綠色草原，連綿數十公里。　　偏僻山村的孩童，山澗戲水，歡樂無比。

溫江，最後注入印度洋。從山口下到江畔，據統計共有72個幾近180度的大拐彎，是川藏公路上拐彎最多的路段。在這樣漫天塵土飛揚的環境中，居然還出現一個名叫嘎瑪村的小村落，房屋分散在公路兩側，人類的耐力實在不可思議。

　　從4700公尺海拔的山口一路下降到2700公尺海拔的怒江畔，高差2000公尺，氣溫從寒冷到暖和到炎熱，在短短幾個小時內，時序從冬天走到春天、夏天，這就是地理課本上所說的「一山分四季，十里不同天」的寫照。

　　車子下到谷底怒江畔後，是另一個天險嘎瑪溝，怒江從中穿過，這段怒江江面狹窄，水勢奔騰湍急，坐在車上都還能感受到混濁江水的力道萬鈞，公路與江面並行一段後，由怒江大橋及怒江隧道過江。我探頭到窗外，往上往下一看，這天然的峭壁峽谷令人咋舌，武警於橋頭荷槍而立，儼然「一夫當關，萬夫莫敵」的架勢。

　　過了大橋及隧道後，離開怒江，路況稍微好些，沒多久抵達「八宿」，八宿的藏語意思是「勇士山腳下的村莊」，這裡離我要前往的目的地然烏鎮只剩兩小

時車程，但師傅說要於此過夜，明早七點發車，所有乘客都得在客運站附設的招待所住下。

　　和半路暈車、胃痛的女孩登記同住一間房，她吃了我給她的胃藥後，身體好轉了些，視我為朋友，我們把行李拿進房間後，她斜躺在床上，話匣子打開，主動和我聊天，原來她是察隅人，察隅是位於中印、中緬交界的邊境縣，海拔只有2300公尺，氣候溫和、降雨充沛，是高原上的綠洲，素有「西藏江南」之稱。

公路從4700公尺的山口呈「之」字形下降到2700公尺的怒江畔，是川藏公路上最多拐彎的路段。

女孩名叫拉姆，在藏東最大城市「昌都」的小學教書，她說到現在還是不適應高海拔，每次回家鄉探親再回學校都很痛苦，若非在昌都有個很要好的男友，真想辭掉工作回家鄉。

拉姆一直遊說我到察隅玩（我們搭的這班客車終點站就是察隅），她用一種高亢的語調形容她的家鄉有多麼美好，氣候溫暖、種植大米、經濟富庶、風景優美、人民善良……，說得我有點心動，而最主要吸引我的其實是居住在察隅靠邊境的少數民族「僜人」，人口只有一千多的僜人，世居深山老林中，有自己獨特的語言但沒有文字，一直到二十世紀中葉，他們還停留在結繩記事的原始時代，被部分藏民蔑稱為「光屁股的野人」。一九五○年代，西藏進行民主改革後，僜人才遷居到察隅的河谷台地。

我對「僜人」充滿好奇，很想前往一探究竟，但要前往察隅需到公安局辦理邊防通行證，台胞身分有點麻煩，想想還是下回有機會再說吧。

拉姆接著又告訴我她從中學就離家到昌都讀書、工作的經過；和漢族男友之間的交往情形；教書很辛苦，學生素質很低，月薪不多，想換工作……。

拉姆的漢語說得很好，表達力也不錯，她滔滔不絕地說著，我微笑著聽她講，只在適當處回應她一兩句。講到漢族男友，她一開始有點不好意思，過不了一會，就無所忌諱，連少女懷春的萬般情緒變化都一股腦兒說給我聽，還說她家在察隅小有名望，所以家人反對她和四川籍農村小戶出身的男友交往，希望她找個門當戶對的藏族人家，但她對男友戀戀不捨，面對親人的勸阻，她舉棋不定，處在這樣的矛盾中，目前只能拖延著，講到最後，她居然徵詢我的意見。

「阿姨，您說我該怎麼辦？」（藏民對有點年紀的漢族女性都尊稱為阿姨）

我有點吃驚，我們認識不過幾小時，她怎麼會這麼信任我？宛如把我當成一個可以聽女兒訴苦、幫女兒解決困難的慈祥母親，我暗想：是不是我長得慈眉善目，一副讓人信任的和藹可親模樣，所以讓她如此推心置腹？也有可能是她壓抑太久了，好不容易遇到個看起來還善良的人可以讓她發洩心中苦悶，反正旅人各有各的方向，今日交會明日各奔東西，有可能今生再也不會相遇。

　　但我能給她什麼建議呢？只能講一些鼓勵的、無關痛癢的話語。

　　拉姆又在發簡訊給男友了，我拿出電腦瀏覽這些天拍攝的照片，看到在香格里拉拍攝的老婦人，皺紋深刻卻一副世事洞察的安詳模樣，再抬頭看看眼前這位花樣年華的姑娘，涉世未深，年輕的臉龐還帶著幾許稚嫩，這會兒則是一臉煩躁（因為發了多通簡訊給男友，男友至今未和她聯絡），這個對照真是令人省思，年輕的歲月，莫非就是註定要經歷這種種的磨鍊，才能逐漸成長？

　　終於男友打電話過來了，拉姆的臉色從煩躁、微嗔、嬌羞到一展歡顏，和男友打情罵俏，旁若無人，她的臉上花容蕩漾，完全不見了剛剛問我「怎麼辦」時的煩惱神情。

　　我看了下手錶，兩人講手機講了快半小時，就在剛才，拉姆還跟我說每個月薪水一千多，光手機費就要花去數百元，常常入不敷出，還要跟家裡拿錢，頗有懺悔之意，才一會兒工夫又全忘了。

　　「一山分四季，十里不同天」是用來形容橫斷山脈的地理氣候，但拿來形容人又何嘗不是呢？我看著拉姆，當一個人無法看管好自己的心，恁它牽著自己四處亂竄，就像「一山分四季」一樣，在短暫的時空內，情緒如春夏秋冬輾轉起伏，無時無刻不受外境影響，在冷熱中煎熬，一顆心永遠也無法安寧。

古冰川湖之歌

　　然烏鎮，是一個很小很小的小鎮，鎮上唯一的一條街道就是川藏公路，汽車通過整個小鎮只要幾十秒鐘，小歸小，但因爲緊臨古冰川湖泊然烏湖，而成爲遊客鍾愛、攝影者流連之地。

　　湖面海拔約3800公尺的然烏湖，是個經由不同時期冰川作用而形成的古冰川谷地，由三個上下相連的湖泊組成，長約26公里，寬約1至5公里，是西藏東部最大的湖泊，也是雅魯藏布江支流帕隆藏布江的主要源頭。湖周圍環繞著山頂終年積雪海拔5000公尺以上的雪峰，山腰坡地則長滿青翠茂密的針葉林，明鏡般的湖面倒映著四周雪峰、翠林，既有高原獨特的壯麗風貌，又有藏區農牧田園的綺麗風韻，因而有「西天瑤池」之美譽。

　　天空雲層厚重，我先往西「波密鎮」方向走了一、兩公里，川藏公路318國道就緊沿著湖畔而行，這兒大概因爲遊客太方便停車，湖邊充滿人爲的髒亂。

　　下午兩點多，我從鎮上往回走到通往南邊察隅邊境縣的叉路口，資料記載，沿然察公路（然烏到察隅）往南步行約4公里，有個半島往湖中央延伸，是瀏覽然烏湖的最佳地點，我決定徒步前往。

　　然察公路和然烏湖不即不離並行，走了一小段後，我離開公路，走進緊貼著湖泊的沼澤地，地上開滿各種野花，黃的、白的、紫的，喧鬧萬分，羊群和牛群在花草間安詳吃草，我找了一個能盡覽湖光山色的絕佳位置，取出餅乾和水，與牛羊共享自在的下午茶時光。

　　邊走邊拍照，偶爾在湖畔坐下來，對著湖面發一會兒呆，當心有所感觸，就隨手在筆記本上記下隻字片語，雖然天空陰沉，但心情從容，古冰川湖泊和四周雪山的景致，也耐人玩味，這段湖畔時光過得十分歡愉。

冰川湖畔悠閒吃草的羊群。

走到往湖中央延伸的半島時，遇到一對騎著自行車的年輕男女，他們告訴我再繼續往察隅方向走，有個冰川非常壯觀，他們兩人原來都是和我同樣住宿郵政招待所的自行車隊的成員之一，車隊來自湖北省宜昌縣，從湖北、湖南、四川、雲南到西藏，多麼遙遠的一段路途啊！隊中還有五、六十歲的隊員，在這氧氣稀薄的高原地區，走路走快點都要覺得喘不過氣，騎自行車？真令人欽佩！他們昨天就抵達然烏湖，今天休養一天，年輕人畢竟是年輕人，體能充沛，就一路往察隅方向騎著車遊玩。

　　對他們所推薦的冰川雖然有興趣，但快黃昏了，雲層也仍然厚重，我還是決定坐在往湖中央延伸的半島土丘上，靜靜欣賞著湖泊就心滿意足。快六點時，往回程（北）走，走沒多久，發現北方天空宛如開了一扇窗，露出湛藍的色彩，四周風兒呼呼地狂吹，原本厚重的雲層被愈吹愈開，藍天的範圍逐漸往南擴散，喲嗬！我忍不住歡呼了一聲，看起來天要放晴了。

湖畔野花，肆意綻放。

　　拍了幾張照片，為了有更好的角度欣賞藍天下的湖光山色，我轉頭再往南走，回到凸出湖中央、視野寬廣的小山坡上，我就站在那兒，居高臨下四望，耐心等待雲層完全散開，想像著晚霞滿天倒映湖面，會是何等光景。

　　風出奇的大，沙土被風揚起打在臉上陣陣刺痛，我把自己包裹在gore-tex風衣中，帽子戴緊，脖子上的圍巾往上拉，直蓋到鼻頭，只留下眼睛，仰頭看著天上厚重的雲層被風吹逐著滿天跑，雲彩千奇百怪變化著，忽然想起少女時期很喜歡唱的一首洪小喬的歌：

> 風吹著我像流雲一樣，這樣的我也只好去流浪，
> 帶著我心愛的吉他，和一朵紅色的玫瑰花。
> 風吹著我像流雲一樣，這樣的我也只好去流浪，
> 帶著我心愛的吉他，和一朵黃色的野菊花。
> 我要到那遙遠的地方，一個不知名的地方，
> 我要走那很遠的路程，尋回我往日的夢。

　　民歌手洪小喬是我少女時期崇拜的偶像，在那「為賦新詞強說愁」的青春期，孤傲的個性一心想脫離軌道，振翅高飛，那時，無論哪一種型式的藝術，只要能引領心靈短暫脫離俗世束縛，我就會為之著迷。洪小喬的歌聲獨特，造型神祕，總是以大草帽遮住臉龐，又彈得一手好吉他，寫詞編曲自彈自唱，是個全方位歌手，唱起英文鄉村歌曲更是情感豐富，我常隨著她的歌聲飛翔在自由的國度裡。

　　好久沒唱這首歌了，風仍然使勁的環繞著我四周狂吹，我好像雲朵，快要被

蒼穹白雲被山風追逐，瞬間變化萬千。

風捲往空中了，於是張開口大聲唱起歌來，雖然自知歌聲不怎麼樣，但反正四處無人，愈唱愈起勁，愈唱愈歡喜，宛如和風兒嬉戲，又宛如在幫風兒加油，一遍又一遍，歌聲在雪山與湖光中迴旋⋯⋯。

六點多時，風兒打了勝仗，厚重的雲層快被吹光了，只餘一點薄雲，我調好

為防牛羊啃食，湖畔居民架高草堆，曬乾作為燃料。

相機角度，準備拍照，咦，快門怎麼按不下去？一檢查，哇咧！攝影者最害怕的惡夢發生了——電池沒電。怪哉，下午走出鎮外時才換了新電池，怎會這麼快就沒電？這下子如何是好？大相機專用的兩副充電池都告壽終，預備用的APS小相機又放在招待所房間，看來只能眼睜睜看著美景乾瞪眼了。

懊惱之餘，我在土丘上坐了下來，靜靜地望著眼前的一切，藍天在薄雲的襯托下藍得清湛，心隨著湖面的光影變化逐漸沉澱，或許老天爺要警告我別只顧著猛按快門，要我放下一切，用心欣賞。也罷，就讓大自然的奇蹟（那麼厚重的雲層竟然會在黃昏時全部散開），直接烙印在心田的底片上吧！

心平氣和地接納了眼前的不如意，心境剎那便整個兒放開來。

隔天，因為沒客車，也攔不到便車，我在然烏湖畔又住了一宿，整個下午都在湖邊流連，因為時間充裕，步伐像在太空漫步，連呼吸都放慢了速度，這種感覺有點像出國前才看的一本書《隨在你——放心的智慧》（*It's Up To You*）的一段內容，大意是說：讓自己慢下來不一定只在禪定打坐時，慢下來的意思是指「要注意自己生命的內外空間」，換句話說，要讓自己慢下來，必須與自己的生命、心的開闊性取得聯繫，才能在心中體驗到更多空間，面對因外境所引起的情緒反應時，也才會有更多的空間去包容。

讓心擁有更多的空間，就像天空容納著白雲、烏雲一般，接納生命中一切美好的、不好的，愉快的、不愉快的事物，視每一個遭遇的發生都是上天最好的安排，眼前世界自然會無限地寬廣……。

兩只蝴蝶

　　昨夜下了陣雨，這是旅程至今遇到的第一場雨，晨起雨絲還飄著，帶來的雨具和大背包套終於派上用場，七點半走到波密電信局前廣場，這裡是往八一鎮的吉普車統一發車處，波密鎮到八一鎮之間因為路況太差，客車很少，主要是民營吉普車，一車坐滿四或五人即開車。

　　波密鎮海拔才2800公尺，但抬頭所見都是白頭的雪峰環繞著小鎮四周。昨日從然烏鎮搭客車過來，途中經過一段以前跑川藏公路司機最怕的路段，被形容為「天不怕地不怕，就怕然烏到中壩」，那一段路由於緊傍帕隆藏布江，初春雪融直到夏日雨季，泥石流、坍方和山洪不斷，最嚴重的一次發生在一九八四年，曾一下子埋掉四十餘輛車，一百多人死亡。如今路況已改善許多，但公路緊貼著江岸，幾乎等高，無法想像雨季時如何行車。

　　聽說今天的路況更糟，不過吉普車性能高於客車，讓人比較安心。

　　我搭的這部吉普車，師傅是藏族，其餘四名乘客也都是藏族，他們一路以藏語高聲談笑，我完全插不上嘴，只好默默欣賞著窗外風景。

　　車上CD反覆播放著大陸地區當紅的流行音樂精選，一首〈兩只蝴蝶〉重複再重複，這首曲子去年十月我停留在北京時，屢次聽文河哼唱，是當時紅遍大陸的流行歌曲，現在再聽，或許由於獨自一人在異地，特別觸動心靈，句句彷彿都是出發前，文河對我的殷殷叮嚀與關愛：

　　親愛的，你慢慢飛，小心前面帶刺的玫瑰，
　　親愛的，你張張嘴，風中花香會讓你沉醉，
　　親愛的，你跟我飛，穿過叢林去看小溪水，

親愛的，來跳個舞，愛的春天不會有天黑。

你和我纏纏綿綿翩翩飛，飛越這紅塵永相隨，

追逐你一生，愛戀我千回，不辜負我的柔情你的美。

你和我纏纏綿綿翩翩飛，飛越這紅塵永相隨，

等到秋風起，秋葉落成堆，能陪你一起枯萎也無悔。

　　我隨著CD輕輕哼唱著，心中升起一股淡淡的孤寂感，離開家已經三星期了，忽然好想念文河，好想念兩個孩子……。

　　車上有一家三口，年輕的藏族媽媽一路和小孩玩得笑聲不斷，這情景很像我們在孩子小時，帶著他們四處旅遊一樣，在小小的車內空間，常常充滿著我和孩子的嬉笑聲，手握方向盤的文河，不時會帶著微笑回頭看我們一眼，那是一種單純到任何語言都不足以形容的幸福滿溢感。

波密鎮郊，已有六百多年歷史的多東寺入山口，風馬旗飄揚。　　波密鎮多東寺的祈福瑪尼堆。

經過有「死亡路線」之稱的通麥地段後，從通麥便橋越過帕隆藏布江，圖中所見為通麥吊橋，因陳舊已禁止通行。

窗外雨停了，雲霧在山巒間盤旋繚繞，這雲嵐讓我想起文河當年寫給我的一首詩：

曾經，
我乘著子夜的木筏盪在銀河裡飄泊無定，
繁星的落寂未曾留我停泊，
沉醉更時，
你從初昇的弦月走來，
引我輕易錨碇，
流浪遂風化為愛戀的星索。
雙手緊握住溫暖，
輕輕掬月光穿針縫綴成透明的驛馬，
歸去雲嵐低迴的遠山。

　　就是這首詩，讓我閱讀到在他粗獷不羈外表下那顆細膩的心。

　　和文河相識於大學登山社，一起在台灣高山行走了好長一段時日，走過青山綠水，坐看月昇日落。畢業後，從山道轉到婚姻道，在四代同堂的生活中，文河總是鼓勵我塑造自己的一方天地，以平衡柴米油鹽醬醋茶的單調無趣。我常因太過追求形而上的哲理，以致深陷桎梏無法自拔，有時文河能理解，有時無法理解，但他總是恆常不變地支持我。

　　二〇〇〇年，我留職停薪八個月，只為去尋找一個不確定的感覺；二〇〇二

年辭去高薪工作，轉換職場進入公益團體服務；二○○四年，離職轉為純義工；二○○五年的當前，獨自來到藏區旅行，實現我的西藏夢……。這一切，文河總是鼓勵我，對我說：「只要妳自己充分想清楚了，Just do it！」

我常在想，世間有多少丈夫能有這樣大的氣度？或許，從山道上轉出來的人，才能擁有如大自然、如高山般的無盡包容，婚姻道上，能兼享「賞心有侶，詠志有知」，我真是何等幸運！

隨著孩子成長，漸有他們自己的世界，我們不覺得是步入「空巢期」，反而慶幸又恢復初戀時期兩人世界的甜蜜，向來就愛好戶外活動的我們，興致勃勃的嘗試及學習越野登山車、騎馬、滑雪，假日遊山玩水，旅行、攝影，不知老之將至。

吉普車再度停了下來，原來前方又逢修路，單向通車，這一路走走停停，不下二十個工程在進行，經過泥石流區、滑坡段、大塌方等，用「柔腸寸斷」來形容這段路一點也不為過，可想而知，到了七、八月雨季來臨時，會是何等慘狀！車上藏民告訴我，目前這還算

波密到八一之間，由於路況太差，幾乎一年四季都在修路。

好呢，以前是三天兩頭坍方路斷，修都無從修起，往來只能靠兩條腿翻山越嶺步行。

　　等待雙邊會車的時刻就是我下車拍照的好時機，我拿著相機越過泥濘的路面，來回找尋好景色。之前有段公路和江面齊高，這兒卻是高懸的斷崖峽谷，河流在谷底咆哮而過，山中林木因為剛下過雨而顯得分外青翠，山谷對岸的山峰在煙雲雨霧中忽隱忽現，一片虛無飄渺，如大幅潑墨山水國畫。

　　車子再度上路，年輕媽媽懷抱著孩子倚靠著爸爸，一家三口睡得東倒西歪。這孩子看來只有三、四歲，這對夫妻結婚可能沒幾年吧，算算我和文河結婚已經

公路沿著帕隆藏布江前行，路面有時和江面齊高，有時在山壁的半山腰。

二十四年，快四分之一個世紀了！

　　結婚二十四年來，一直在現實生活中學習愛與成長，尤其這七、八年來，文河的事業重心漸移往中國大陸地區，我們朝夕相處的時間驟減，我從剛開始的不適應、若有所失到學會放下，在不完美中學習著完美的生活，從此有了更大的餘裕去發現自己再飛翔的方向，體悟到或許這就是中年夫妻的愛情——意謂著自由與成長，而非牽扯與束縛。曾經在一本書上看到：「真正的愛包含瞭解與尊重、鼓勵與奉獻、信任與分享，彼此成為最好的朋友。」這樣的「愛」，應該也是生活經歷豐富的中年人才能體會得到。

　　年輕時我是「張愛玲迷」，背誦了不少她書中的句子，其中有一段：「真正的愛也許不是激情，只是年深歲久之後，逐漸成為你生活中的一部分。」也是在步入中年後，才恍然明白這段話的真意。

　　如今五十歲的我，已能真正體會三十年前戀愛時，文河告訴我的「一加一要大於二」的愛的箴言（也是婚姻美滿的真諦），因此，在進入所謂空巢期的當前，彼此都能快樂自在地同時享有婚姻的美好與單身的自由。

　　很多女性朋友表示羨慕我，其實我也做了很多努力，不斷自我調整——包括現實生活及心態。回想這幾年來，生命一直在轉彎，這都是昔日的我所無法想像的，除了感謝冥冥中引導我的神聖力量；感謝文河與孩子給我的寬廣空間與支持外，也要感謝我自己，因為我明白了一個簡單的真理並努力實踐——轉變心念，世界就會跟著改變。

　　年歲邁過半百，青春不再，但生命的廣度與深度逐漸累積，青山不礙白雲飛的海闊天空，讓我歡喜迎接老之將至。

整棟舊樓只有
我一個房客

位於西藏東南的林芝地區，是中國第三大林區，西藏百分之八十的森林集中於此，廣袤的原始森林構成綺麗的自然風光，首府八一鎮依傍著寬闊的尼洋河，清亮的河水流過沙洲、低矮的灌木與農田，景致迷人。這條源於米拉山的河流，藏名意思是「仙女的眼淚」，饒富詩意，引人遐想。

沿著尼洋河，我來到位於河流西側布久鄉山坡上的喇嘛嶺寺，這是林芝地區最大最重要的藏傳佛教場所，屬於寧瑪派，寺院主殿為三層樓閣，上覆金頂，呈現多角塔形狀，各面牆體均以豐富的色彩裝飾，風格獨具，寺內的佛塑像則以釋迦牟尼佛和蓮花生大師為主。

來到主殿，跟隨藏民脫鞋進入，一盞盞的酥油燈搖曳著，從寺頂垂掛而下的彩色經幡，為昏暗的寺內空間增添了幾許神聖，寺廟正中是釋迦牟尼佛莊嚴又慈悲的法相，一抬眼，和釋迦牟尼佛的雙眼接觸個正著，祂好像直直看進我靈魂的深處，在這樣的氛圍中，再看到四周眾多虔誠的藏民，一個個此起彼落大禮拜不斷，那往前仆倒的瞬間，彷彿有一股電流似地迴旋不斷往外擴散，一波波震盪得我全身熱血沸騰，我也跟著往前仆倒，自然而然地做起大禮拜來。

大禮拜（磕長頭）是藏族很殊勝的一種禮敬諸佛菩薩的方式，前兩天在波密鎮古寺東久寺，看到虔誠的藏民做大禮拜，我就很想跟著做，可是右手臂自從年初摔傷後，便無法支撐大禮拜身體往前仆倒時的重量，最後作罷。

眼前終於情不自禁做起大禮拜，雖然右手臂仍然會痠痛，動作不夠俐落圓滿，但五體投地的那一刻，那長久以來深刻的感動仍然在每一吋肌膚中流竄……。

在台灣時，曾多次參加農禪寺的拜懺法會；於法鼓山上的朝山；也曾參加藏傳佛教舉辦的法會，每一回將自己全然放掉，鬆軟的與腳下大地親密接觸時，其

喇嘛岭寺主殿上覆金頂，呈現多角塔形狀。

實不只是在對個人信仰的一種神聖的禮敬，還有磨銳氣、降低自我重要性的圓融作用，尤其是當我五體投地匍匐在地面，身體和地面作最大面積接觸的那一刹那，總有一股無形的力量從大地升起，穿透我的全身，喚醒謙卑心，讓人虛懷若谷，讓人對一切只有充滿無盡的感恩。

我的氣功師父李鳳山師父常告誡我們：「天無所不覆，地無所不載。」天與地對萬事萬物的無私和包容，也正是我在作大禮拜時深切感受到的。

是的，我若不曾朝山，不曾做過大禮拜，不曾貼緊地面以額頭叩地，那麼我就永不會明白：和

著大地之母的呼吸與脈動，是什麼樣的一種滋味……。

　　大禮拜作完，加入藏民行列，沿著喇嘛岭寺的外圍轉經，然後我停在煨桑爐旁，看著一批批藏民將一根根柏松樹枝及其他香草葉子投入爐中，「煨桑」是西藏古老又普遍的習俗，「桑」的藏語指的就是「祭祀煙火」，空氣中瀰漫著天然的清香味。

喇嘛岭寺為林芝地區最大的寺廟，來此轉經的藏民絡繹不絕。

透過煨桑的動作禮敬諸佛菩薩,並藉由繚繞的煙霧將自己的祈願送達天界。

帶著盈滿身心的佛香離開喇嘛嶺寺，無車回鎮上，便沿著公路徒步，春夏之交，路旁不知名的野花爭相怒放，農民種植的油菜花也一片欣欣向榮，蝴蝶翩翩採蜜，今天陽光不強，雲淡風清，走起路來頗有幾分郊遊踏青的逍遙。

　　回到有「雪域明珠」之稱的八一鎮，面對繁榮喧囂的市街，對照寺廟氛圍，恍如兩個世界。八一鎮是林芝縣首府，原名「拉巴嘎」，一九六〇年代以前還是一個亂石遍地的荒涼河灘地，只有幾十戶人家，後來爲紀念中共人民解放軍對這裡的建設貢獻，而改名爲「八一」。今日的八一鎮是由大陸內地各省出資援建而迅速發展起來，所以到處可看到如廣東路、珠江路、福建路、廈門廣場等以內地地名命名的街道，街上車水馬龍，商場、酒樓、歌舞廳林立，甚至還有標榜販賣「台灣珍珠奶茶」及「台灣香腸」的商店，稱得上是一個崇山峻嶺中的花花世界，「雪域明珠」的稱呼是讚美還是諷刺？見仁見智吧！

　　住在網友推薦的康福源酒店舊樓，該酒店因爲建了新樓，旅客住宿全移到新樓，舊樓一樓只剩服務台和商店，二樓改爲餐廳，三樓改爲一間間茶室，供本地客人包房間喝茶、打麻將，四樓西側也是茶室，只有東側保留作爲房價便宜的普間房（內無衛浴設備）。

　　昨天下午登記住房時，櫃台人員告訴我舊樓只住我一個房客。晚上十一點多準備就寢前，打算再上一次廁所，打開房門，沒想到通道一片黑暗，我回頭拿了手電筒，走到位於樓層中間的迴旋樓梯，往下瞧，三樓和二樓也一片漆黑，只有一樓隱約有一絲燈光，大概是服務台的照明吧！上過廁所，再走回房間，房間所在的東側樓層可能是早期加蓋的，地勢比西側高，須爬上幾個樓梯，地面是木板，因爲建築年代久了，走起來會發出吱吱嘎嘎的聲響，在黑暗中顯得有點詭異。

睡到半夜，忽然床舖一陣猛烈搖晃，我從睡夢中驚醒，在黑暗中（我習慣關燈就寢）一下子搞不清楚狀況，一邊用手摸索著放在枕頭旁的手電筒，一邊莫名其妙想起電影《大法師》中的可怕情節——惡魔在搖晃床，打開手電筒，正好床也停止了搖晃，想打開房內電燈開關，卻發現停電了。

　　走到窗邊，往外面馬路瞧了一會，一片寂靜，只有一、兩輛出租車駛過，看

春夏之際，油菜花田一片欣欣向榮。

不出有任何異狀，坐回床沿，想了一下，剛剛應該是地震吧，可是西藏有地震嗎？好像沒聽說過，這種小搖晃，對經歷過921大地震的台灣人而言，不過是輕微搖搖樂，只因為在睡夢中突如其來，剛剛才會被嚇了一大跳。

今天早上向服務台求證，半夜真的是地震，所以停電了，我問：

「為什麼地震前，整個樓層也都沒有燈？」

服務台向我道歉，解釋可能是餐廳和茶室的服務人員不知道四樓有房客，夜間下班後就順手把燈全關了，今天會提醒他們別關。

結果，歷史重演，晚上十一點多我走出房間要上廁所，同樣一片漆黑。不過，白天我已仔細找到了隱藏在一角的電源開關，我持著手電筒，走到開關處，「啪啪啪」地把所有的燈全打開了，整個四樓，從西側到東側剎那大放光明。

我站在那兒，面對一片明亮，心想：如果我是活在遠古的人類，在那沒電的時代，對黑夜雖然也會因未知而感到恐懼，但想必不會像現代人一樣，習慣了有電燈照明的夜晚後，對電燈的依賴性相對提高，再也回不到沒電黑暗的日子。所以，文明雖然讓人類在生活上更方便更進步，但在心靈上，應該是反而讓人類退步了吧！

光亮使我們看見許多東西，也使我們看不見許多東西，若不是黑夜，我們便看不到天上閃亮的星光；若不是苦難，我們便不知道珍惜身邊本就擁有的幸福。

我再一次「啪啪啪」地關掉所有的燈，只留下靠近廁所的一盞，上完廁所，慢慢走回房間，長廊甬道一片漆黑，有點像世人在輪迴中惶惶摸索，不知黑暗何時會結束或會通向何方？而佛法就像手電筒的光芒，依靠著它，就能走出一個希望。

樓層地板仍然在黑暗中吱吱嘎嘎響著……。

春去春又來

很久很久以前，在翻閱大陸湖泊圖片時，讓我最驚豔的便是四川九寨溝和西藏巴松措，碧綠色的湖水倒映著四周絕塵的蓊鬱山林，山水似幻，浮光掠影，充滿靈性意境。我告訴自己，有生之年一定要拜訪這兩個地方。

　　四年前的秋天去了九寨溝，「人在畫中走，魚在天上游，鳥在水中飛」的形容一點也不假，真的宛若人間仙境。而今來到了巴松措，湖泊雖然幽雅恬靜，但周遭的度假村旅館、商店、觀光遊艇，感覺卻有幾分世俗的雜亂。

　　巴松措是尼洋河最大支流巴河上游的一個高山湖，藏語意思是「綠色的湖水」，又叫措高湖（因湖畔有一村落名措高村），湖面海拔高3500多公尺，湖長15公里，是西藏東部最大的淡水堰塞湖，也是紅教寧瑪派的神湖，沿著湖邊有小路可以轉湖。

　　湖中有座小小的湖心島，是古冰川時期遺留下來的大型「羊背石」，島上有座小寺廟措宗寺，措宗即藏語「湖中城堡」的意思，由寧瑪派高僧桑傑林巴於十三世紀末年興建，寺內供奉蓮花生大師、未來佛、千手觀音等，以前到湖心島必須乘坐拉索的小船過去，現在已改成使用浮橋連接。

　　走過浮橋來到島上，沿著小島環繞一圈，寺廟南面有一棵桃樹和松樹纏繞並長的「連理樹」，顯現一種自然的和諧，挺特別的。還有一棵傳說會長出神祕樹葉的老樹，葉片上會顯現藏文字母，我蹲在地上一片一片落葉找了許久，卻什麼也沒發現。此外，島上並無特殊景觀。

　　倒是站在岸邊凝視著清澈湖水和鬱鬱蔥蔥的山巒時，讓我想起去年看過的一部韓國電影《春去春又來》，這部獲得不少獎項的電影，背景便是位於幽然神祕的深山湖泊小島上的一間古廟，片中景致如詩如畫，四季分明，觀賞電影就如同在

湖心島上的小寺廟「措宗寺」，已有七百多年歷史。　　　昔日通往湖心島時，乘坐拉索小船的渡口。

欣賞一幅幅美麗的圖畫。

這部電影禪意濃厚，情節雖然簡單卻深入淺出地傳述了佛法的核心——諸行無常，片中對白不多，反而給了觀眾更寬廣的想像空間，藉由一年四季春夏秋冬輪迴的意象，比喻人生不同的階段，片中小男孩歷經「童年、少年、中年、壯年、老年」五個階段，以童年調皮、少年欲望、中年作孽、壯年懺悔、老年修行為主題，穿插愛恨情仇，藉著故事讓我們看到了生命的本質，人世的遷流變化，闡明一切事物都是因緣和合的現象，世間沒有一件事物是永恆的，春去冬來，花開花落，陰晴圓缺，悲歡離合，生老病死，「無常」的風不停地吹。就像《金剛經》說的：「一切有為法，如夢幻泡影，如露亦如電，應作如是觀。」

世人在面對挫折、意外、天災人禍時，幾乎都會感慨地發出「無常」來形

容，其實佛教主張的「無常」，並非負面、悲觀的，而是積極、樂觀的，無常代表著「一切充滿了無限的可能性」，若非無常，生命怎麼可能產生？若非無常，痛苦怎麼可能轉化掉？若非無常，小孩怎麼可能長大？一個人如果常常感到痛苦，原因不在一切「無常」，而是因為錯以為一切永恆「常」。

電影結尾，當四季春夏秋冬走過後，再加入了一段春天的故事，隱喻了人生還是充滿光明與希望，為沉重的生命帶來了延續的力量，也象徵著生命的輪迴，更和片名《春去春又來》有了前呼後應的觀照。

電影讓我感觸最深的是：人人都想離苦得樂，但人人又一直自己在製造痛苦而不自知。學佛後，我明瞭這是因為人的五蘊不斷在運作，佛法明白指出，我們自己才是造成痛苦的原因，問題出在自身當中而非外在。但這道理有多少人能真正理解？就算佛教徒也是「知易行難」。

旅途中最能深切體會任何事物都是因緣和合而成，都是相對的和暫時的，沒有一個可獨立於其他現象而存在的本質。我明白，萬物本質互相依存，相關的眾多條件都具足了便產生「緣起」，有朝一日，原有的條件改變了，或其他不同的條件出現了，舊有的現象便消失「緣滅」，同時再產生新的「緣起」。

這一路上，許多狀況都不在我意料之內，但無論是好的或不好的緣起，我都珍惜它們，因為伴隨在後的，常常會有更多源源不絕的「緣起」，只有在經歷過後，才知道那都是冥冥之中必然的安排，每一個轉折都有著它存在的意義。

湖面波光粼粼，電影中那和著木魚聲、旋律婉轉的韓語《心經》，彷彿又在湖光山色中輕脆響起，只有二百六十字的《心經》，會背誦的人無數，能真正體悟和實踐的卻不多……。

巴松措和湖心島如鑲嵌在群山中的一塊碧玉，微波輕泛。

正坐在湖邊胡思亂想，恰好來了一小團體要包船遊湖，我趕緊拜託領隊讓我加入，我依船租及人數平均分攤費用，領隊爽快答應，船伕吩咐大家穿好救生衣，快艇便急速駛離碼頭。

　　沿著巴松措四周岸邊山區，分散有求子洞、藏經碑、消災洞、禪師洞、格薩爾王試箭處等多處傳說聖跡，我們包船三小時，只夠前往求子洞和消災洞。遊湖時，天空雲層漸厚，飄起毛毛雨，因為船速飛快，雨絲隨風飄進開放式的船艙內，濺濕了每個人的臉龐，船行至湖中央，觀湖角度改變，有了不同視野，比在岸邊感覺好多了，巴松措如一大塊碧玉鑲嵌在高山環繞中，當前雖然沒有陽光，但湖面仍泛著幽幽如絲綢般的神祕光澤，微波蕩漾。

　　船伕斷斷續續導覽介紹，並力薦大家務必找個秋天再來一趟，因為巴松措四周密布原始森林，植被和樹種豐富，秋色如畫。

　　說的也是，在四季分明的地區，山光湖泊的秋景最令人驚豔，光是五顏六色的山林變化，就能看得人目眩神迷。

　　一個人的一生若也分成春夏秋冬四個季節，來到中年，就好像走進生命的秋天，季節的秋天是一年中最美的時候，大地鋪滿橙黃色的溫暖，山林塗抹著五彩的燦爛，氣候清爽溫和，農稼物成熟豐收……，而人生的秋天呢？雖然青春如翠綠、灼熱的夏天，已經過去了，但何必唏噓，成熟、圓融的中年特質，就像溫暖、豐收的秋天，擁有更多的包容、更多的智慧，足以從容自在的走向冬天。

　　一次又一次的旅行，走過不同的季節，我已學會欣賞四季之美！

扎桑喇嘛

客運車在門巴村停下來，車上幾個乘客全下車了，師傅熄了火，轉頭看到我還坐著不動，大聲嚷嚷：

　　「終點站到啦！」

　　「這車不是到直貢梯寺嗎？」

　　「沒有，就到這裡。」

　　客運站售票員明明告訴我直達寺院大門，朋友兩個月前來時，也是搭到寺院門口，這會兒怎麼又變了？抗議沒用，背起背包下車，走到車門口，師傅把我叫住：「喂，你要到寺院，別走大路喔，走山路比較快，大路繞很遠。」

　　我看了他一眼，根本是因為沒乘客，他不想為我一人再開老遠的路上山，所以堅稱這裡是終點站，心中對他有點不滿，但面對他的提醒還是道了聲謝謝。

　　直貢梯寺（或稱直孔替寺）座落於離拉薩約80公里的墨竹工卡縣門巴鄉山上，是直貢噶舉派的祖庭，建於西元一一七九年，已有八百多年歷史，因歷來高僧倍出而聞名，密宗修行、大手印、破瓦法及天葬等也都極具特色。

　　站在村中往上仰望，寺廟位於村落後側的懸崖峻嶺上，從山腰到山頂錯落分布著佛殿及僧房，氣勢不凡。我沿著陡峭山路往上爬，海拔四千多公尺，雖然氣溫不高，日正當中還是走得汗流浹背，沿路遇到不少覓食的牛羊，有些懶洋洋的躺在路中間打盹，爬到半途，找了塊視野開闊的大石，我也學牛羊悠閒坐下來，俯瞰山谷景致。

　　谷地兩旁夾峙著高聳的青山，民房散落在綠色田野間，公路傍著在陽光下閃爍光芒的河流，往谷外蜿蜒而去，這條河流名叫「雪絨河」，一路流向拉薩河，再注入雅魯藏布江。

從直貢梯寺半山腰僧
房往下俯瞰，門巴村
民房散落在綠野中，
雪絨河一路蜿蜒。

爬升了200公尺，來到海拔4500公尺高的大殿前廣場，一群喇嘛正好從大殿魚貫走出，每個人都對我投來好奇的一眼，我攔住幾位從我身旁走過的喇嘛：「請問您會說普通話嗎？」問了兩、三位後，終於有位喇嘛會說一些普通話。

　　旅程出發前，法鼓文化的惠敏師姐告訴我，多年前她在直貢梯寺皈依，若我旅行西藏時有機會前往直貢梯寺，可以找她師兄扎桑，他人非常好。當時由於我不確定是否會來直貢梯寺，未再進一步詢問其他資料，只記得「扎桑」兩字，我試著問這位會說普通話的喇嘛：「請問您們寺裡有位叫扎桑的僧人嗎？」

　　「有啊，我幫妳找。」他對著旁邊大群喇嘛大聲說著藏話，只見每個人前前後後找著，一下子就簇擁出一位僧人來到我面前，他就是扎桑。第一眼看到他右眉毛上方的疤痕、兩道粗黑的濃眉、一大一小的眼睛，還有看起來怪怪的眼球，感覺長得有點兇悍，不會找錯人吧？眼前這位僧人和我想像中的慈祥扎桑喇嘛不太符合，正在這樣想著，心中隨即有一聲音升起：別以貌取人！

　　我先請會說普通話的僧人幫我用藏話問他，是否還記得多年前有一位台灣女孩在這兒皈依，他一聽到台灣，重複著說「台灣」，同時點了好幾個頭。接著我再自我介紹是那位台

扎桑喇嘛攝於僧房門口。

灣女孩的朋友，聽到這兒，扎桑喇嘛用手比畫著，同時口中說了幾句話，然後就自個兒往前走，會說普通話的喇嘛對我說：

「快啊，他叫妳跟他去。」

「他會說普通話嗎？若不會，我跟他去怎麼溝通啊？」

「沒事的，他會說一點。」

隨著扎桑喇嘛到他僧房（直貢梯寺每位僧人均獨居一修行小屋），他先倒酥油茶請我喝，由於我不知道惠敏師姐藏名，他不知道惠敏師姐漢名，他從角落搬出一個上鎖的大木箱，拿出一疊相片，一張張找著，終於找到幾年前惠敏師姐和他

扎桑喇嘛的僧房位於山坡突出處，視野無限寬廣。

的合照，經由相片確認我們講的是同一個人後，彼此都很高興。

扎桑喇嘛的僧房不大，隔成大小兩間，外間是客廳兼廚房，家具簡陋，屋角堆著幾樣快乾枯的青菜，內間一面牆上有座佛龕，供奉著許多我不認識的神佛，另一邊靠牆角有個簡單的木板床，上面放著毯子和棉被。

扎桑喇嘛問我吃中飯沒？剛剛下車，為了有體力爬山，雖然才十一點多，我就先在小店吃了碗麵。聽到我吃過了，扎桑喇嘛先幫我斟滿酥油茶，然後自行煮中餐，他吃得很簡單，一碗麵條加一小盤自製的醃漬醬菜，三兩下就解決了。

在他極力推薦下，我嚐了一小口醬菜，天呀！又酸又鹹，他一臉企盼的問：「好吃嗎？」不忍傷他心，我點頭笑笑：「還不錯，但我吃得很淡，這有點鹹。」

飯後扎桑喇嘛帶我參觀寺院，全寺因為正在修建，到處擺滿各式土石建材，不知是否為防外來的眾多陌生工人還是另有原因，每座大殿都重門深鎖，必須勞煩掌管鑰匙的僧人前來開門，陪同我們進入。由於寺廟依傍山勢而建，須爬上爬下樓梯，才能進出一座座大小不同的佛殿，幽暗的殿堂內，氛圍安詳寧謐，只有我們三人靜靜地、虔誠地禮佛，可惜怕耽擱掌管鑰匙僧人的時間，無法在殿堂內多待，而且扎桑喇嘛只會說簡單普通話，參觀時，都是簡略介紹一兩句，我若進一步詢問，就會出現雞同鴨講的對話。

三點半，扎桑喇嘛對我說他要去上英語課，叫我隨便逛逛。「上英語課？」我以為聽錯了，他拿出課本，真的是藏英對照的初級英文會話本，原來是常有外國旅客前來參觀，寺方為提高僧人水準，特地聘請老師教導資深僧人基礎會話。

我自個兒慢慢走往位於後山的天葬台，途中遇到好幾個挑水泥、石塊的男女工人，有的年紀很輕，看到我的相機很好奇，擺出各種姿勢讓我拍照，然後大家

參觀寺廟時，遇到兩位年輕人，擺出誇張的表情讓我拍照。

修建寺廟的男工人，裝腔作勢地摟著兩位女工人拍合照。

頭湊在一起，爭先恐後觀看視窗內的影像，笑得樂不可支。

黃昏時，我從天葬台回到大殿前廣場，上完課的喇嘛零零散散站著聊天，我找到扎桑喇嘛，他說等一下要誦經，不能離開，我拿出要留給他的藥品，找了位普通話比較好的喇嘛，逐樣將藥名、功效及吃法用藏文寫在藥袋上，並請扎桑喇嘛複述一遍，確定他都明白為止。

夕陽光線很柔和，我舉起相機拍照，一些喇嘛對著相機起哄，七嘴八舌，唯獨有位個頭矮胖的喇嘛，雙手環抱在胸前，隔著一點距離，從剛才到現在，莫測高深，逕自微笑看著我們，我低聲問扎桑喇嘛：

「那個人是誰？為什麼一直笑著看我們？」

扎桑喇嘛不曉得是不是沒聽懂，笑笑沒說話，旁邊喇嘛回答：

「他是法王啊！」旁邊幾位僧人笑成一團。

「法王？什麼意思？」

「就是法力無邊嘛！」

笑聲更大了，其中有位喇嘛比較正經的小聲對我說：

「他修行修得頭腦有點⋯⋯，所以外號叫法王。」他用手勢比了個「阿達」。

有人起哄要法王和扎桑喇嘛合照，法王被大家推擠過來，還是沒說話，只是笑意加深，我從觀景窗望出去，夕陽從右側柔和的籠罩著笑得一臉燦爛的兩人，背後是連綿的高峰，我的視線停留在法王臉上，修行修到頭腦阿達？不像啊，除了不開口說話以及一直維持雙手抱胸姿勢有點奇怪外，他看起來甚至比周遭這些嬉笑的僧人還顯得安詳，還比較像修行者呢！

扎桑喇嘛（左）和「法王」。

直貢梯寺已有八百多年歷史，以密宗修行、大手印、破瓦法及天葬而聞名。

六點半，一位老喇嘛帶領約五十位喇嘛在大殿外席地而坐誦經，我遠遠坐著傾聽，沒有法器，他們卻駕輕就熟，不用看經文，何時該停何時該加入，此起彼落，抑揚頓挫，像是個有好幾聲部的合唱團，誦經聲隨著晚風綿延在山谷間，內容雖然聽不懂，但感覺旋律那樣熟悉，我宛如嬰兒聆聽著母親哼唱搖籃曲。

　　晚餐本想請扎桑喇嘛到寺院對外營業的食堂用餐，方知他過午不食，為免麻煩他，我泡了方便麵當晚餐，吃飽後，時間還早，兩人對坐喝酥油茶，長長夜晚總不能一直相對無言吧？但是扎桑喇嘛只會一點點普通話，而我只會幾句藏語，要如何聊天？解決方法是扎桑喇嘛翻著他的英文會話課本，我翻著出發前抄在筆記本上的一些藏語日常會話，各自找到要問的，然後拿給對方看或照著讀給對方聽，回答時再加上手勢動作，就這樣斷斷續續，居然也聊了快兩個小時。

　　就寢時，扎桑喇嘛堅持把床位讓給我，他睡客廳，棉被套是他下午特地洗的，還帶著酥暖的陽光味，我拿起毛毯要給他，他搖頭，重複著說：「晚上，很冷，很冷。」比畫著要我蓋棉被加上毛毯。

　　門掩上後，我在床上打坐，我送扎桑喇嘛的釋迦牟尼佛薄銅片法照和朋友從印度帶回來的達賴喇嘛甘露丸，就放在佛龕上。外間傳來低低的誦經聲，是扎桑喇嘛在做晚課吧！剛剛聊天才知道，外表一臉風霜有點蒼老的他才三十三歲，家境貧窮，身體不太好，過午不食，不吃肉。他很孝順，每年春秋農忙時期都向寺廟請假回老家幫忙播種和收割，雖然生活困苦，但他求道修行的心卻很堅定。

　　我對著佛龕向諸佛菩薩祈請，願扎桑喇嘛一切圓滿吉祥！

＊註：台灣人對西藏僧侶一概稱為喇嘛，所以本文也以喇嘛稱呼。後來抵拉薩，才知道拉薩地區尊稱僧侶為「姑秀喇」；具格上師才能稱為「喇嘛」。

永生不滅的寶地

位於直貢梯寺後山的天葬台，被稱為「直貢丹恰」，意思是「永生不滅的寶地」，是世界三大天葬台之一，另兩處位於印度的斯白天葬台和西藏山南地區桑耶寺後山的青朴天葬台，而直貢天葬台在三者中海拔最高，約4600公尺。

　　我一直很想看一回「天葬」真實的過程，不是源於好奇心，而是想帶著輪迴的概念去體會這一藏族獨有的喪葬形式，更想體驗屍體被天葬師一一剁碎及眾多兀鷲爭食碎肉那一刻的心靈衝擊。可惜因緣不具足，即使來到名列世界三大天葬台之一的直貢天葬台，依然沒有機會。

　　扎桑喇嘛去上英語課後，我獨自前往位於後山的天葬台，山路入口立著一個當地政府具名的英、漢文告示牌，大意是天葬為藏族風俗，請遊客尊重，未獲死者家屬同意，不得擅自前往參觀及拍照等。

　　山路逐步爬升，走了一會，遇到兩位年輕喇嘛也要前往天葬台，便一起同行，其中一位會說一些普通話。

　　燦爛的陽光下，天葬台一點也沒有想像中的陰森寒氣，不見兀鷲，只看到幾隻在空中盤旋的普通老鷹，天葬台旁的山坡排列著眾多自製的轉經筒，迎風面風勢強勁，轉經筒嘎啦嘎啦轉動著，配合著呼啦呼啦拍打出聲響的五彩經幡，神佛的莊嚴感覺沖淡了天葬台死亡給人的畏懼感。

　　關於天葬的由來，西藏原始宗教苯教有一則傳說，在很久以前，善良的人死後，靈魂可以沿著一道天梯上到天堂，這天梯和人間的連接點位在西藏東南部林芝地區的苯教神山「苯日山」主峰上，後來有隻巨大的兀鷲在飛行時不小心將天梯撞斷了，世人失去了唯一可以登天的天梯，天神體諒眾生從此無法登天的困苦，處罰兀鷲承擔起運載靈魂登天的任務，於是產生了人死後屍體餵兀鷲，兀鷲

會將靈魂送上極樂世界的天葬儀式。

藏地佛教徒則視天葬台的兀鷲為「空行母」的化身，是一種神鳥，牠們翱翔在蒼穹之上，大地從不見其屍骸，牠們和一般老鷹不同，牠們只吃人的屍體，從不吃也不傷害其他小動物，年老後便會自行往高空飛去，飛到離太陽很近之處，仙化而逝。

全世界對死亡看得最淡的民族應該就是藏族吧，對死亡沒有絲毫畏懼，把死亡看作生的前奏；把死亡看作只是靈魂與肉體的再次分離；把死亡看作就像是脫下一件穿爛了的舊衣裳，而這件宛如破爛衣裳的軀殼（遺體），最終還可以拿來餵養兀鷲，作為這一世的最後一次布施行善，體現佛教的利他精神。

來到天葬台，四周圍著高高的柵欄，視線越過柵欄的空隙望進去，可以看到天葬台中間那塊直徑約2公尺的花崗岩大石台，那是天葬師主持天葬時的法台，傳說是從印度飛來的，遠距離下，依稀看得到石上布滿暗黑色的痕跡。

依據記載，天葬所有的儀式都要在太陽出來之前完成，通常由寺中喇嘛替死者誦經後，由背屍人將屍體背到天葬台，放在大石台上，點燃松柏香堆，繚繞的煙霧直達穹蒼，呼喚著體型特大的兀鷲盤旋而來，等兀鷲在山坡上愈聚愈多後，天葬師默禱片刻，然後手拿一尺來長的鐵刀和長柄彎鉤走上大石台，開始支解屍體，先掏出五臟六腑，剁碎拌上糌粑，投向已經迫不及待的兀鷲，接著，從屍體上割下一塊塊屍肉；分解一根根屍骨，拋撒餵食兀鷲。最後一個程序是用石頭砸碎死者的身骨架和頭蓋骨，拌上糌粑，攪和均勻，扔給兀鷲啄食，兀鷲吃得愈乾淨，家屬愈欣喜，因為這表示死者生前無大罪孽，萬一兀鷲不吃或剩下部分，表示生前罪孽深重，家屬得請喇嘛再念經超度，再不行，那就只能用木材焚燒了。

正貼著柵欄空隙往內瞧時，從上方山坡走來一位上了年紀的壯漢，繞著天葬台柵欄旁的佛塔經行，直覺想到，他會不會是天葬師？一般民眾應該不會特地從村中爬上山來經行天葬台吧？我問兩位年輕喇嘛，他們聽不懂「天葬師」，我指著那人背影，露出疑問表情，他們大概瞭解我的意思，但用藏語回答。哎！當下真是懊惱，早該學好藏語的，語言不通，有時不礙事，有時還真惱人。

　　我遠遠跟著那人身後想拍照，他轉了三圈佛塔後逡行往山下走了，一路上雙

天葬台中間那塊處理屍體用的花崗岩大石台，傳說是從印度飛來的。

手都交叉在背後，戴著帽子的頭低低的俯視著地面，彷彿有心事，又彷彿經行老僧，一副天塌下來也事不關己的「老神在在」模樣，漸走漸遠，從相遇到離去，只在第一時間對我們瞧過一眼，之後，就完全視若無睹，他，到底是誰？

我帶著滿腹疑問爬上山坡，在碩大的風馬旗海前坐了下來，兩位年輕喇嘛在草坡上邊散步邊說著話，從我坐的位置可以居高臨下將天葬台看得一清二楚，當下

雙手背後，始終低頭繞著天葬台旁佛塔轉經的藏民，引人側目。

除了風聲，一片空寂，無法想像天葬時熙熙攘攘爭食的兀鷲，更無法想像前後不過半小時，一具完整的屍體便煙消雲散，那該是如何震撼現場目擊者的心靈，每個人必定都會被激發出一些對生與死的體悟吧！

當天葬師手持銳利鐵刀在筋骨和血肉間穿梭，游刃剖解屍體時，不知道他們會不會想起自己為了口腹之欲殺過多少生？回到家後，有那麼一天，看著桌上牛

傘狀巨大的風馬旗，日夜隨山風翻飛，念誦著一遍又一遍的經文。

直貢梯寺大殿前廣場豎立著高高的祈福經桿，宛如是上達穹蒼的一道天梯。

羊肉，不知道會不會想起天葬屍體被剖解餵食兀鷲的那一刻？

若能因此而活得更真實更有意義，那也不枉參加一回天葬了。

此時天空湛藍浩渺，飄著雪一樣的白雲，靜靜坐著，風馬旗海在我身後啪啦啪啦響著，我相信生命是有輪迴的，人由生至死，又由死至生，不僅有一生，而且有無數循環的生，每個人自出生的那一刻起，就在走向死亡，而死亡也意味著走向另一個新生。

漢人堅持土葬，說穿了，土葬和天葬的差別就是一個餵蛆一個餵鷹，想一想好像餵鷹還比餵蛆好

一些。而我呢，已決定了死後要火化，然後灑在法鼓山上的自然生命公園，將自己這一世的肉身回歸大地。

兩位喇嘛向我招手要走了，我站起身，遠遠看到山坡下又來了一群喇嘛，一問之下才知道，原來寺中僧人常常來經行天葬台，這天葬台簡直就像直貢梯寺的後花園嘛，常常來，熟悉了也習慣了，死亡對他們而言，可能就像是一個住在隔壁的老鄰居吧！

回程，跟著兩位年輕喇嘛前往他們朋友僧房，又被熱情招待酥油茶，這酥油茶可比扎桑喇嘛的香濃多了。看來這位喇嘛家中富有，可以無限資助他，電視、音響、錄放影機、果汁機一應俱全，牆上還貼著一張溫兆倫的照片，說是他最欣賞的歌星。不一會，又進來三、四位年輕喇嘛，喝著酥油茶，高談闊論，跟一般都會年輕人聚會沒兩樣，我藉故扎桑喇嘛上完課會找不到我，趕緊離開。

晚間，坐在扎桑喇嘛那只能用家徒四壁來形容的破舊僧房裡，喝著淡淡的酥油茶，心中興起無限感慨，人活著時，貴賤貧富可以相差千萬里，唯有死亡，是如此的公平。

直貢梯寺喇嘛於天葬台草坡經行。

日光城的
美麗與哀愁

　　每一個初次來到日光城的旅人，先是滿懷莫名的興奮與期待而來，隨即是微微的失望興起，因為拉薩在某些政策經營下，已慢慢走樣。但是，若能在城中待上一段較長的時間，則又會在世俗與宗教、在喧囂與安謐、在觀光客與滿身酥油味的藏民交錯中，穿越浮光掠影的表象，慢慢看到有些不變的東西依然存在。

　　於是，就能體諒這個城市，生存不是一件容易的事；於是，就能靜靜地品味，屬於拉薩城獨有的美麗與哀愁⋯⋯。

　　年日照時數超過三千小時，素有「日光城」之稱的拉薩，是藏民心目中的聖城，四周山峰環繞，宛如天然的屏障，拉薩河從南邊自東往西流過，千百年來，在終年熾熱燦爛的陽光下，拱衛著日光城，沖積出肥沃的拉薩平原。

　　無法想像，拉薩這座具有一千三百多年歷史的古城是建立在一片湖水之上，西元六世紀，拉薩還是一處水草豐美的大牧場，藏語稱「吉雪臥塘」，「吉雪」指拉薩河一帶，最早拉薩河藏語叫「吉曲」，意思是「快樂河」，後來才改稱拉薩河。「臥」是藏語「臥瑪」牛奶的簡稱；「塘」指平原，整句指「拉薩河一帶溢滿牛奶的平原」。平原的中心位置就是「臥塘湖」，周圍環繞著濕地和沼澤。

　　唐朝文成公主入藏時，卜算得知雪域西藏恰如一個魔女仰臥之相，「臥塘湖」正是魔女的心臟位置，湖水乃魔女心血的匯集，必須在湖上興建寺廟才能鎮壓，於是召來一千頭白山羊馱土填湖奠基，興建了大昭寺。當初該寺被命名為「惹薩」，藏語「惹」指山羊，「薩」指地方，意即「山羊馱土所建之地」，後來才改名為目前眾所周知的「大昭寺」，而西藏首府「拉薩」的地名，也是「惹薩」的變音。

　　傳說在大昭寺完工時，白山羊隱入牆角消失，不久後，牠的形體慢慢從牆上顯露，愈來愈突出。今日，在大昭寺西南角的一座小神殿裡，便供奉著這勞苦功

從大昭寺金頂西望，透過煨桑煙霧，仍可清楚看到不遠處的布達拉宮（右）及藥王山（左）。

高的石山羊，牠的鬍鬚微微上翹，眼睛圓溜溜地，十分傳神。

　　同樣有一千三百多年歷史的大昭寺，是西藏現存最輝煌的吐蕃時期建築，也是西藏第一座仿唐式漢藏結合木結構建築，同時也吸收了尼泊爾和印度的建築藝

術特色，和布達拉宮同被列入聯合國「世界文化遺產」名錄。

　　這座由松贊干布、唐文成公主和尼泊爾赤尊公主興建的古老寺廟，內有眾多佛殿，統攝苯教、格魯、寧瑪、薩迦、格舉等西藏五大教派。有人形容，若是將布達拉宮比喻為西藏的面孔，那麼，大昭寺就是西藏的靈魂，寺中主要供奉文成公主入藏時帶來的釋迦牟尼佛十二歲等身像（藏語稱Jowo，漢語稱覺悟佛），是藏民心目中最至高無上的神佛。

　　至於布達拉宮呢，雖然已沒被藏民視為觀音菩薩化身的達賴喇嘛駐錫，雖然部分拉薩市民無奈的說，它早已不再是藏族的布達拉宮，而是遊客的布達拉宮，但在燦爛的陽光下，無論從哪一個角度往上仰看它那赭色與白色的外牆體，它仍靜靜散發著肅穆的氛圍，傳遞出神聖、永恆的莊嚴。

　　布達拉宮建在「瑪布日」（紅山）之上，傳說松贊干布來到紅山時，山體顯現〈六字真言〉的幻影，他立即沐浴淨身，鑿開一個不大的山洞，做為他的修行地，這就是今日的「法王洞」，後來在紅山上修建宮殿居住，一百年後的盛夏夜晚，不幸被雷電擊中，宮殿在烈火中成

大昭寺金頂一隅。

拉薩街上到處可見轉經的藏族老婦。

圍繞著大昭寺寺內迴廊的轉經道，隨時都有不間斷的轉經人潮。

為灰燼，只留下狹小的「法王洞」和松贊干布的本尊佛殿「帕巴拉康」。

　　十七世紀，五世達賴喇嘛在紅山舊址重建宏偉的宮殿，稱為「布達拉宮」，布達拉是梵語佛教聖地普陀羅的音譯，此後，這裡便成為達賴喇嘛的多宮及西藏政治和宗教的中心。

　　布達拉宮分為兩大部分，白宮是達賴喇嘛處理政務和生活起居之處，紅宮主要用於宗教活動，主體包括歷代達賴喇嘛靈塔和佛殿。從布達拉宮前廣場仰望，這座號稱有著九百九十九間房間的大宮殿，由低至高，層層疊疊，白宮呈凹字形，紅宮居中，結構緊湊，鱗次櫛比，主樓高一百多公尺，全部是土石木結構，是當今世界上海拔最高、規模最大的宮殿建築，藝術表現與宗教意義齊高。

　　虔誠的藏民從千里之外的家鄉迢迢而來，朝拜著大昭寺、小昭寺、布達拉宮、藥王山千佛崖等城中聖跡，轉經「囊廓」、「帕廓」、「林廓」，對朝聖的藏民

布達拉宮與龍王潭。　　　　　　　　　　　每個從大昭寺禮佛出來的藏民，都充滿歡欣。

而言，無論走在拉薩城內的任何一處，無論是土路還是柏油路，感覺都像走在天堂，聖城拉薩彷彿能滲透出一種巨大的能量，使每個遠道前來朝聖的藏民都能輕易接收到佛菩薩加持的鉅大力量。

　　走在今日的拉薩街頭，除了金髮碧眼的外國人已成為拉薩一景外，三步一家的四川餐館更令人吃驚！許多人私下稱拉薩為「小四川」，我有過幾次搭出租車的經驗，師傅幾乎都是四川人，問他們拉薩到底有多少四川人？他們都說保守估計十多萬，而全西藏自治區的人口也不過兩百多萬。

　　二十世紀上半葉，全西藏沒有一里公路，沒有一輛汽車，交通運輸全靠肩背和牲畜駄運。如今，青藏鐵路即將通車直達拉薩，從此路不再遙遠，山不再高峻，勢必將湧進更多的內地移民，還有每年等比增加的遊客，一九八六年西藏旅遊局成立，一些涉外旅遊飯店陸續開業，當年遊客只有三萬人，到二○○四年底

底，遊客已突破百萬人次。

今後的拉薩城，要如何自處？

從十五世紀以來，每年藏曆正月於大昭寺連續舉辦三星期的「傳昭大法會」，

位於八廓街的藏式餐廳「瑪吉阿米」，曾是六世達賴喇嘛吟詩、會情人之處。

早已被勒令停辦，不過，大昭寺仍然是藏民的信仰中心，所在地的舊城區，也是拉薩城藏味最濃的所在，走在「沖賽康」傳統市場附近的小巷弄中，連空氣都帶著西藏獨有的香濃酥油茶味。

　　大昭寺廣場及圍繞著大昭寺的八廓街，是藏民和遊客最喜流連之處，隨時隨地都可以看到大群人坐在空地曬太陽，有一本大陸出版的旅遊書《西藏行知書》，如此形容拉薩：「拉薩是一個讓人願意像狗一樣，懶洋洋地靜躺在陽光下，揮霍生命的地方！」這樣的形容很貼切，拉薩，尤其是舊城區，的確就是這樣一個地方。

　　在這些整天曬太陽，啥事也不做的人群中，有許多是來自各地的旅行者，據說不少都是懷有心事的人，從自己的城市躲到這兒來，因為中國沒有一個城市可以像拉薩這樣慵懶這樣寬容，或許是因為氧氣稀薄，每個人的步調都緩慢得很，當你拖著懶散的腳步在城中各個角落閒閒走著，藍天之上懸掛著聖潔的雲朵，你高興從清晨散步到天黑也罷，或者就只是坐著曬太陽，從日出發呆到日落也罷，都隨你。

　　拉薩，總是向每一個走入它懷中的人說Yes，就連那滿街無所不在的乞丐，也都在這片佛光普照的聖地裡，找到了安身之處！

走進小巷中，常可看到富有藏式風味的美麗窗台。

用身體丈量大地

前後在拉薩待了十天，住宿在老城區藏醫院路的藏式家庭旅館「龍達覺薩」，這家旅館格局小巧，鬧中取靜，出門拐個彎沒多遠就是大昭寺和八廓街，方便隨時前往轉經。

　　八廓街一帶是拉薩藏味最濃之處，當市區其他街道興起一棟棟新式樓房，只有這一帶，依舊僻巷曲徑，藏式傳統民房依傍著大昭古寺，經幡與桑煙飄揚，獨特的環形格局，使得走進八廓街的每個人，都會不由自主朝著同一方向邁步，連來這裡購物的遊客，也會在不知不覺中隨波逐流轉經一圈。

　　有人形容八廓街就像一幅現代的〈清明上河圖〉，在長約1.5公里的環形街道上，藏式飾品、尼泊爾風味飾品、宗教器物、古董、唐卡、經幡、藏式服裝……，以劃一的攤位形式，分散在路的兩旁，攤位後面是商店，中間空道則擠滿轉經信徒、磕長頭朝聖者、遊客、乞丐，人流如織，叫賣聲不絕於耳，古老的節奏混合了商業交易，宗教與世俗交織天成。

　　實際上，八廓街就是一條圍著大昭寺外圍的轉經路，「轉經」是藏地特有的宗教儀式，簡單說就是圍繞著聖跡，以順時針方向轉圈，同時手中也順時針轉著內裝經文的轉經筒，口中誦著〈六字真言〉或其他藏咒。至於轉經的目標呢，小至一座佛塔、一個瑪尼堆、一座寺廟，大至一座神山、一汪聖湖。

　　以大昭寺為中心，拉薩有三條長短不一的轉經路線，內轉藏語稱「囊廓」，圍繞著寺內的轉經回廊轉；中轉藏語稱「帕廓」，圍繞著寺四周轉八廓街；外轉藏語稱「林廓」，圍繞著布達拉宮、小昭寺、大昭寺和藥王山為中心的區域轉，每日清晨和黃昏，轉「囊廓」和「帕廓」的人最多，右手搖著轉經筒，左手撥動著佛珠，口中喃喃誦經，摩肩擦踵，形成一條河流似的人流。

以大昭寺為中心，環繞著大昭寺四周的環形街道便是著名的八廓街。

　　抵拉薩後的隔天，七點多我來到大昭寺，隨著轉經潮流順時鐘往前走，八廓街兩旁商店及攤位還沒營業，滿街單純都是轉經人，男女老少僧侶民眾，形形色色，還有牽著小狗、拄著拐杖、推著輪椅的，並有不少人以磕長頭方式轉經。

　　磕長頭（俗稱大禮拜）是藏民禮敬諸佛的一種方式，動作類似「五體投地」。通常他們身前會繫著以犛牛皮製成的圍裙，手戴護具，膝綁護膝，手護具大都是厚布套或木製手套，有些窮藏民什麼都沒有，一切以厚紙板代替，厚紙板磨得斑駁破爛了，他們的動作卻絲毫不打折扣。

　　若是木製手套，掌心部位會釘上一塊鐵皮，相擊時發出「啪」的輕脆聲響，

隨著口中誦咒，第一聲「啪」雙手高舉過頭頂合十相擊；第二聲「啪」在額前合十相擊；第三聲「啪」在胸前合十相擊，然後掌心朝下，往前仆倒於地，整個身體匍匐地面，和大地作最大面積的接觸，同時，雙手在頭前方合十，然後起身，往前走到仆倒時手掌頂端位置（有些是隨著三擊掌往前走三步），接著重複整個動作。

　　每回走過這些磕長頭的朝聖者身旁，總忍不住駐足，他們大都蓬頭垢面，膚色黝黑，衣衫襤褸，散亂的頭髮披垂著，額頭和鼻頭因長期碰觸地面，形成黑疤或硬皮繭，有些甚至在滿布風霜、皺紋像樹皮般的額頭，形成令人觸目驚心的肉瘤，他們都是從數千公里外的家鄉，一路磕長頭，用自己的身體丈量家鄉到聖城的大地，走了一、兩年才抵達拉薩，中間若遇河流不得不涉水或搭船而過，他們會目測河流寬度，過河後，在岸邊原地磕長頭，補足河面距離，絕不取巧偷懶。

　　注視著他們，有的精神抖擻，雙手往前滑出時「刷——」一聲，動作俐落；有的感覺得出已經筋疲力竭，每個動作分解進行，缺乏力道，好幾次，仆倒在地面時，停滯不動，我正擔心他是否爬不起來了，很想過去扶

磕長頭的朝聖者，匍匐在地，虔誠而專注，對走過身旁的民眾視若無睹。

他一把，卻又看到他緩緩動了，疲憊的眼睛中閃爍著朝聖即將完成的喜悅。

住在拉薩時，有天半夜雨勢滂沱，清晨雨停了，我往大昭寺轉經，四周山巒一夜之間全白了頭——山上下雪了。走到八廓街，部分地面積水，轉經人都繞道而行，唯獨磕長頭者，只是在身前加綁一塊防水塑膠布，照樣往地面仆倒，剎時水珠往四周飛濺。

清晨與黃昏，於大昭寺內轉經的藏民。

朝聖過程歷盡艱辛，尤其是轉積雪的神山，不少年老體弱的朝聖者會不幸死於途中，但只要是死在朝聖路上，他們毫不後悔，還覺得是一種幸福與榮耀。

這種單純而虔誠的信仰與堅持到底的毅力，讓人自歎不如。朝聖的崇高境界豐富了他們單純的生命（也許是苦難的生命），使本來是普普通通的一介牧民或農

民，產生一種超越的力量，渺小的生命昇華了，顯現出偉大的崇高精神，不自覺散發出神聖的光芒。

當朝聖者終於完成千里磕長頭，進入大昭寺對著釋迦牟尼佛膜拜時，佛陀想必微笑回報以無盡的慈悲，賜福給每一個虔誠匍匐在跟前的朝聖者。於是，歷盡風霜的朝聖者心滿意足，無怨無悔的返回家鄉，與鄉親分享朝聖光耀，繼續過著簡單、困苦的生活，體力允許的話，就繼續策畫下一回的朝聖，重回拉薩或前往神山聖湖。

這個民族能世世代代在這雪域高原堅強生存下來的力量，應該有不少是來自朝聖過程中產生的一種神聖信念吧！

除了長途磕長頭的朝聖者外，青石舖地的大昭寺門前，也有無數原地磕長頭的信眾，他們在地面舖上一塊長厚墊，一遍又一遍磕長頭，就像相信一生至少要來拉薩聖城朝聖一次一樣，絕大多數的藏民也相信，每個人的一生至少應該磕十萬次等身長頭，這是修持佛法的基礎。

磕長頭講究的是「身口意」合一，五體投地時是「身」敬，口中持咒是「口」敬，心中憶念佛是「意」敬，當我站在大昭寺金頂，往下望著此起彼落的磕長頭動作，想起漢傳佛教的拜懺法會，拜懺和磕長頭都可以清淨人格，釋放「我執」，顯現自性中的佛性。

大昭寺屋簷下金碧輝煌的雕飾。

於青石舖地的大昭寺前磕長頭的民眾，此起彼落，五體投地禮佛。

聖嚴師父說過，拜懺能讓自己的心轉變，變得更柔軟、更安定、更穩定，因為這種轉變，開始對身邊的親人、朋友乃至於不認識的人更好，讓別人因你的轉變而受益，這才是拜懺真正的功德。

記得幾年前，首次參加農禪寺梁皇寶懺法會，農禪寺的法師開示：我們一般對於自己的身體，都會定期做健康檢查，可是往往卻忽略了心靈也要做健康檢查；佛法的拜懺，就是一種心靈的健康檢查。

那次拜懺，隨著經文唱誦，拜倒的一瞬間，淚水成串流下。事後，我仔細揣摩當時心情，問自己為什麼流淚？並非傷心難過，而是情不自禁，像一個迷路的孩子，找到了家，看到慈母；又好像身心塵垢被拂拭清淨，一點一點更接近自己，體會到心的清明，無限歡喜；同時又為以往的無知而生起感歎，就在這種種悲喜交集中激盪出波濤，自然而然從內心化為淚水往外泉湧流露。

藏民這磕長頭的動作，也讓我想起年老的父母親，去年，因為一位佛學老師的話：「佛教徒無論走到哪裡，看到佛菩薩就會問訊、磕頭，但常常忽略了家中就有兩尊老菩薩——父母。」心中大為震撼，於是在生日那天，特地回娘家，請父母上座，我跪在地上對著他們扎扎實實的磕了響頭，感謝他們生我、養我、育我，才有今日的我！快八十歲的父親口中喃喃：「按呢是銃啥米，甭按呢，甭按呢。」（台語）但眼中閃著淚光，微微笑著。而多年前因為腦出血昏迷傷了腦部的母親，從頭到尾更是笑得合不攏嘴，她雖然說不清楚，但想必也明白磕頭的意義。

身口意敬佛法僧，身口意敬父母，身口意敬芸芸眾生，即使這一世我們是錯身而過的陌生人，但在無數劫的過去生，都有可能曾經是最親密的人，願我能時時憶念及此，而能對所有識與不識的人，都以最大的慈悲心對待！

楚布施主

　　大清早，天還沒亮，來到大昭寺廣場前等待開往楚布寺的中巴車，四周灰黑，耳邊卻一片吵雜，此起彼落全都是在吆喝車子要去的目的地。藏民時間觀念淡薄，昨日詢問，說是清晨六點半到七點間開車，我擔心錯過，提早來等，結果一直到廣場上開往郊區各寺院的車都走光了，往楚布寺的車才姍姍而來，上了車，放眼望去只有我一個漢人，其餘都是朝聖的藏民及要返回寺院的楚布寺僧人。

　　楚布寺是噶瑪噶舉派的主寺，位於距拉薩七十多公里的堆龍德慶縣拉嘎鄉，緊臨楚布河上游北岸的峽谷中，兩旁高山夾峙，環境幽靜，海拔約4400公尺。

　　建於一一八九年的楚布寺，創始人是都松欽巴，他首先於一一四七年時，在昌都一個叫噶瑪的地方建了一座噶瑪丹薩寺，人們因此稱他為「噶瑪巴」（巴是藏語「人」的意思），噶瑪噶舉派也因此得名，接著以八十歲高齡，在拉薩郊區主持興建楚布寺，成為第一世噶瑪巴，八十四歲圓寂。後來噶瑪丹薩寺地位下降，楚布寺便成為該教派主寺。

　　都松欽巴圓寂前囑咐弟子，他將「乘願再來」，意思將再轉世人間，要他們尋訪認定，數十年後，出生於康區的噶瑪拔希被認定為都松欽巴的轉世傳人，後來當他雲遊蒙古地區說法時，蒙哥大汗賜他一頂金邊黑帽。一二八三年，噶瑪拔希圓寂於楚布寺，臨終前，將法位託付給弟子鄔堅巴，留下遺囑：「從遠方拉堆方向，必出一繼承黑帽法統的人，在他出現前，由你代理。」說完，將那頂金邊黑帽戴在鄔堅巴頭上，閉目圓寂。此後，噶瑪噶舉黑帽轉世系統的各代活佛，都需頭戴金邊黑帽舉行坐床典禮（代表活佛繼承的一種陞座儀式）。

　　因此，一般都視都松欽巴為藏傳佛教活佛轉世的奠基人，而第一位轉世活佛則是噶瑪噶舉派的第二世傳承者噶瑪拔希。

十五世紀，宗喀巴創立格魯派後，也延用了噶瑪噶舉派轉世的方法，並且使這制度更完善，之後，其他教派及各地大小寺院也都普遍採用轉世制度。

雖然學者將轉世的意義著重於現實功能，認為是特定的政治宗教環境下的產物，可以有效避免各寺院在權力更替時可能產生的諸多糾紛，但佛教徒深信不移，活佛（藏地稱「朱古」）是修行即身成佛的人，他們是佛的化身，可以在圓寂後乘願再度回到人間，繼續弘揚佛法，普度眾生。

從拉薩出發，七十多公里的路程開了兩個多小時，路況很差，坐在我後面的僧人會說普通話，告訴我最早幾乎沒有路，是台灣「化育基金會」於一九九八年捐款一億台幣修路築橋才略微改善。我聽了在心中回應：我想起來了，當時台灣媒體曾大肆報導，這條路還被那些台灣大施主命名為「成佛之路」。

和拉薩三大寺（哲

前往楚布寺途中的路旁民家。

蚌寺、甘丹寺、色拉寺）比起來，楚布寺名氣小，很多人不熟悉，但若說起大寶法王，便聲名遠播。楚布寺的噶瑪巴目前傳至第十七世，於一九八五年出生於藏東昌都縣山區，二〇〇〇年，十七世噶瑪巴（台灣稱大寶法王）從西藏出走，流亡印度，他在台灣擁有相當多的信徒。

　　車抵寺院門口，師傅看我單獨一人，提醒我下車後跟在藏民後面參觀，並要記得下午兩點返車。

楚布河山谷兩側的田園景觀。

　　下車後迅速觀察一眼，全車分為三群人，我先跟了笑容最燦爛的一群，參觀一會後，發現他們雖很熱情照顧我，隨時比畫著提醒我方向怎麼走怎麼膜拜，我拍照慢一步時也會等我，但可惜他們都不懂普通話，我有問題無人可問，只好半路跳槽，改跟另一組會說普通話的，不過發現很多問題問了也是白問，因為他們都知其然不知其所以然。

　　走到一個佛殿前，階

最早發願重建楚布寺的「楚布施主」。

梯上坐著一個老人，斜背著一個大布袋，有幾位藏民布施了錢，他恭敬的回贈一小塊印有經文的幡布，本以為是一般的化緣者，問了藏民，才知道此人是最早發願重建楚布寺的昔日僧人。我驚喜交集，完全沒想到會遇到民眾尊稱為「楚布施主」的老人，前兩天在大昭寺附近一間專賣西藏書籍的「那古修書店」看書時，翻到溫普林寫的《茫茫轉經路》，其中一篇就寫了他和楚布施主多年情誼的故事。

楚布寺毀於一九五九年，本是寺中僧人的楚布施主被迫還俗，返回藏北。一九八一年，流亡海外的十六世噶瑪巴圓寂，那年楚布施主正好到拉薩做生意，當時宗教政策開始鬆綁，他想起自小出家的楚布寺，便繞道想回寺院看看，當他來到舊址，看到位於山谷中的楚布寺一片斷垣殘壁，幾近廢墟，當時已經四十多歲的他，回想起寺院昔日盛況，痛心之餘，跪在地上磕頭，發願要重修楚布寺。

以一個毫無背景的小人物，他歷經艱辛先向相關部門申請寺院核建的批文，接著用做生意的錢加上四方奔波化緣募款，一磚一瓦開始動工，先修建了第一座

佛殿。一九八六年後，宗教政策進一步放鬆，原先跟隨十六世噶瑪巴流亡海外的親隨弟子獲得允許回到西藏，接續重建寺廟大業，海內外共同募款，楚布寺逐漸恢復規模，並重新有了僧人。

隨著楚布寺的興旺，大施主愈來愈多，楚布施主早已不是建設基金的主要來源，於寺中既無地位也無職務，他在附近河邊蓋了一間小房子住下，依舊憑己力募款，持續支持寺院的重建，當地民眾都很尊敬他，「楚布施主」的外號取代了他原有的名字。

看到「楚布施主」的故事，欽佩得五體投地，以一介小人物能拋磚引

曾經是一片斷垣殘壁的楚布寺，如今漸漸修復。

玉做出這樣一份大事業，真是不簡單！難怪聖嚴師父常提醒我們要發願，發的願有多大，力量就有多大！

布施了一點點錢，楚布施主同樣謙遜恭謹的回贈給我一塊經幡布，並要藏民告訴我，這塊經幡布是他虔誠誦經供佛的，能保平安。我請藏民問他，可不可以和他合照？老人首肯，緩緩從階梯站起，他個子不高，像個慈祥的爺爺，告別時，彼此合十禮敬，我真後悔身上沒帶多少錢，無法布施多一些。

楚布寺為噶瑪噶舉派的主寺，西藏的轉世制度發源於此。

Tibet

十七世噶瑪巴已出走多年，但精神常存於每一角落，無論是大殿、經堂、噶瑪巴的寢室、修行室、讀書場所等，到處都張貼著噶瑪巴從小到大的相片。我看到藏民對所有他使用過的器具，包括一桌一椅都很尊敬，好奇想知道他們對噶瑪巴出走

十七世噶瑪巴雖已出走印度，但精神長存楚布寺。

的看法，但問了會說普通話的兩位朝聖藏民，居然四兩撥千斤回答：「我們也是在想ㄟ，想不懂。」

　　參觀完，在廣場等車時，再度遇到早晨從拉薩一起搭車、車上還請我吃香蕉的僧人，他招呼我到一旁的寺院食堂，連同另兩位他的僧人朋友一邊喝酥油茶一邊聊天。我委婉的問他們對噶瑪巴出走的看法，他們異口同聲回答：「無論上師做什麼，都是對的，都是最好的選擇。」

　　這就是藏傳佛教強調的：相信你的上師！

　　楚布施主數十年來的堅持不懈，應該也是因為相信上師、相信佛法僧三寶，而自內心生起源源不絕的力量吧！

藍天下的毛坑

　　「天上有太陽、月亮、星星，地上有甘丹、哲蚌、色拉」，這是形容格魯派（達賴喇嘛所屬教派）道場的諺語，格魯派是藏傳佛教集大成的代表教派，有這樣媲美日月星辰的諺語，不足爲奇。

　　一四〇九年藏曆新年，格魯派創始人宗喀巴集結不同教派僧眾八千多人，於拉薩大昭寺舉行規模盛大的祈願大法會，以紀念佛祖釋迦牟尼。隔年二月，甘丹寺落成，一般都將祈願大法會的創辦和甘丹寺的落成視爲藏傳佛教格魯派正式形成氣候的標誌。

　　位於拉薩河南岸旺古爾山嶺的「甘丹」寺，藏語意思是「受樂知足」，海拔3800公尺，是拉薩三大寺中最早興建的一所，由宗喀巴親自主持興建，也是宗喀巴陞座及圓寂之處，宗教地位在格魯派各寺中居首席，與後來興建的哲蚌寺、色拉寺合稱拉薩三大寺，再加上位於日喀則的扎什倫布寺（班禪喇嘛駐錫處），合稱格魯派最主要的四座道場。而作爲根本道場的甘丹寺，因文化大革命慘遭浩劫，幾近全毀，前幾年才重新整建，目前以哲蚌寺和扎什倫布寺最具代表。

　　從大昭寺廣場搭朝聖專車，走國道318線（即川藏公路），一個多小時後離開公路彎進山谷土路，沒多久車子開始之形爬升，谷中村落逐漸渺小，幾個大轉彎後，甘丹寺一覽無遺出現在不遠處的山坡，高高低低分布著。

　　客車停在寺院外的大型停車場，前後有三輛中巴車，還有幾輛吉普車，看來朝聖者不少。土路往前走就是寺院外大門，一位喇嘛把關售票，他用不太標準的普通話對我說：「外國人四十五元，妳，三十五元。」我接過票，票面印著全票四十五元，我笑著問他：「藏民呢？不用錢？！」他也笑笑望著我沒回答。

　　離開人群，我先爬上寺院左側鞍部（兩山稜線間的最低點），鞍部一邊通往寺

院,一邊通往掛滿風馬旗的另一座山峰,越過鞍部,山路繼續往前,不知是否通到另一側谷地?甘丹寺所在的這旺古爾山嶺,一支獨秀於四周河谷平原之上,視野無限寬敞,難怪宗喀巴以此為根本道場,並在寺後山洞閉關修行。

新寺院後側接近山頂處,散落著舊寺廟的斷垣殘壁,雜草叢生,成為鴿子住所。這座五百多年歷史的古寺,就這樣輕易毀於文革,當下相向都覺觸目驚心,對歷經那場文化浩劫的寺中僧侶而言,想必更是一場惡夢。

甘丹寺是格魯派創辦人宗喀巴大師陞座及圓寂之處。

手拿酥油（添酥油燈用），快樂朝聖的一群藏民。

陽光斜射進經堂，彷彿佛光籠罩。

逛著逛著，經過一些低矮的破舊屋舍，本以為是廢棄的舊寺院遺跡，卻隱隱傳出低沉的誦經聲，原來是僧房，這彷彿「顏回居陋室，一簞食，一瓢飲，人不堪其憂，回也不改其樂……」，修行之苦與樂，應當也是「如人飲水，冷暖自知」。

走到一棟看來已荒廢的房屋外側一角，意外看到有一露天毛坑，周圍砌著約半人高的土牆，毛坑另一邊緊臨著山崖，眼看四下無人，正好方便。才要走進去，一抬頭，看到對面不遠的屋頂上，赫然站著一位僧人，視線望向遠方山巒，是在冥想還是持咒？他一副專注神情，雖然沒注意我這兒，但居高臨下，只要他視線稍微一移，我就會「春光外洩」，年紀半百，臉皮雖已夠厚，但還是會害羞，我只好先假裝站在山崖邊欣賞山谷景

致，等待他離開，過了一會兒，轉頭一看，他還是一動也不動，實在「內急」，只好開口：「扎西德勒*，請問可以幫您拍張照嗎？」邊說邊拿起相機比畫著，他微微一笑點頭，視線望向我的相機，照完相，謝過他，沒想到他還是不動如山，又繼續望向遠方，不得已，只好明說：「請問這，可以使用嗎？」我指著毛坑，他點頭，終於恍然大悟了，嘴角帶著笑，轉身離開屋頂。

我如釋重負，把背包和相機放在地上，趕緊進入毛坑解放，踏入後才發現毛坑因為緊臨山崖，往下斜向山坡挖了深洞，由於底部高深懸空，方便起來有種奇

甘丹寺一隅，寫著歷史滄桑的斑駁圍牆。

*註：藏語，意思為「吉祥如意」，用於見面打招呼、道別祝福及節慶、恭賀等各種情境。

從大殿望出去，幾位喇嘛面向山谷熱烈討論著佛法。

異的感覺，聽不見「大珠小珠落玉盤」的聲響，聞不到「五味雜陳」的味道，直洩無底深淵的同時，還有輕微的涼風吹拂進來，比起之前上過的毛坑，這兒簡直是「五星級」。

身上那塊平日最難得曬到陽光及吹到自然山風的肌膚，這會兒舒坦地裸露在廣闊的天空之下，我肆意享受著，久久才不捨地離開。

下午要返回拉薩前，在靠近停車場的公用廁所再度方便，這下就享受不到五星級露天毛坑的待遇了，恢復之前上廁所的經驗。不過，我已習以為常，就把它當作又是一次練習「不淨觀」*的機會。

「方便」是在大陸地區，尤其是邊疆旅行時最大的問題，但其實也是最小的問題，只要你能「放開」自己。

藏地旅行，若行車於荒郊野外，師傅自己需要解放時便會停車，只要師傅一停車，車上乘客通常會跟著下車，其他時候，如果個人有需求，只要大喊一聲：「師傅，停一下車吧！」師傅就會善解人意地找個樹叢或土堆多些的路旁停車，下車後，男女乘客通常也會很有默契，自動往不同方向散開。

沒到過藏地的人，或許會以為市鎮中的餐廳總有廁所吧？哈，那可錯了，除去專供旅行團體用餐的涉外餐廳（豪華高檔）外，一般餐廳都沒有廁所，你跟老闆借廁所，老闆會告訴你出了大門後往左或往右走約多少公尺有公共廁所，請你到那兒方便。但公共廁所除非是有專人管理的收費廁所，否則百分之百可以確定比野外骯髒千萬倍，長年累積的排泄物堆積滿溢，必須要有很好的肺活量，才能

---

*註：「不淨觀」是佛教的一種修持觀想法。由於眾生都貪愛、執著於「我」和「我的所有」，因而產生種種痛苦，佛陀於是教導眾生觀想人的身體充滿屎、尿、汗、涕、唾等骯髒物，以減少貪愛執著。

昔日宗喀巴閉關
修行的山洞

憋氣度過方便的時間。但不堪入目的景象就無從避開，因爲必須眼觀四方，雙腳才不會踩到「黃金陷阱」，而保持雙眼明亮也意味著，你除了和黃金相對外，同時也會看到一些靠排泄物維生的「小動物」蠕動著。

　　只要自己沒有「心結」，在野外方便其實是非常愜意的經驗，那塊平日難得曬到太陽的肌膚，終於可以見到天日，裸露在沁涼的空氣和暖暖的陽光中，舒暢無比！有好幾回因爲路況不好，車行至深夜，我蹲在黑暗中方便，仰頭是滿天星斗的夜空，覆蓋著深不可測的山林大地，那又是另一種如廁的享受。

　　數年前，剛開始於大陸地區自助旅行時，我最不能忍受的也是上廁所的問題。沒門不打緊，還要小心「黃金遍地」和異味，旅行久了，才漸漸從最早的「一忍再忍」（不到最後關頭絕對不上）、「速戰速決」（在外面深吸一口氣衝進去憋氣上完）到後來「處之泰然」，還能「正眼視之」，試著觀想：這不就是從每一個人口中吃進去的所謂「美食」嗎？只不過是前後不同時間，呈現不同面貌罷了！佛法教導我們「無分別心」、「諸法空相」，爲什麼我只喜歡前段的美食形式？討厭後段呈現的面貌？一次又一次的上毛坑機會，不斷練習對著「它」觀想，我慢慢能以平常心面對，甚至從此美食當前，口腹之欲也自然減少。

　　若非佛教徒，不瞭解何謂「無分別心」、「諸法空相」，也可以換個方式想，所有的人事物原本都是美好的，只是放的位置與時候適不適合而已。美味的食物放進嘴裡「好吃」，沾到衣服變「骯髒」；吞下去「有營養」，吐出來變「噁心」。就連那一般人都認爲污穢的屎尿，只要放對地方，都能滋養土地，種出能供給人類健康營養的蔬菜水果，栽培出能令人賞心悅目的花草樹木。

　　如此一轉念，上毛坑再也不會煩惱！

天涯若比鄰

這趟旅行，因為時間長，為了和家人保持聯繫，並讓嚮往西藏的朋友能在第一時間分享我沿途見聞，特地帶了notebook。出發前看旅遊資料，記載幾個大城鎮都能電話撥接上網，只是速度慢，沒想到一路行來，發現大城鎮都已改成寬帶上網，進步神速，不知該喜還是該憂？

　　拉薩市區網咖不少，來到朋友推薦的「碧海晴天」，一小時才三元人民幣，我因為自帶電腦，技術人員讓我坐在角落接線路，位置正好可將整個網咖盡納眼底，屋內空間看來將近兩百坪，幾乎客滿，全都是年輕人上線玩game。

　　上線後，依慣例先開skype和家人聯絡，文河不在線上，前陣子忙著準備畢業考很少上網的大兒子正好在線上，撥通skype，原來畢業考已告一段落，擁有攀岩執照的他從宿舍搬回家中，在北投攀岩中心打工。母子倆聊了一會兒，在加拿大讀ESL課程即將進入大學的小兒子也上線了，我結束和大兒子通話，改和小兒子skype連線。

　　小兒子先問前幾天他寄的mail我收到了嗎？我說這幾天沒上網，還沒開信箱，當他知道我已抵達拉薩，好奇地問了許多這裡的情形。雖然隔著重洋，母子倆就像面對面一樣親近，他關心我一個人旅行及在高原上的適應問題，我關心他在異國的生活起居與學習狀況，彼此加油鼓勵。

　　兩個孩子是我的寶，雖然在校成績都非名列前茅，但心地善良，有人緣，充滿活力，挫折容忍力也不低，更重要的是兩人在生活上都很獨立。孩子小時，因為四代同堂，我曾視愛如此沉重，有時甚至覺得愛是一種負擔，後來才瞭解，真正的愛沒有重量，更不是負擔，而是一種無止盡的關懷與不求回報的付出，當你真心希望所愛的人快樂幸福，不再計較，自己內心也會獲得相等的回報。

轉念間放下，剎那海闊天空，我在老大讀小四、老二讀小一時，開始每年獨自出國自助旅行兩、三星期，那時我們已另組小家庭，兄弟倆相偕上學、讀書、寫功課，甚至自己煮飯洗衣，都不太需要工作忙碌的爸爸操心。那時同樣為人母的朋友非常羨慕我，表面總是開玩笑：「妳這個媽媽太自私了吧，把小孩丟著自己出國玩！」我微笑以對，其實是她們太過保護小孩及自己放不開。

　　歲月如梭，兄弟倆早已長得又高又挺，有位朋友讚美他們是「陽光男孩」，我喜歡「陽光」這個詞兒，溫暖舒坦，還散發著酥鬆香濃的味道，耐人咀嚼。

　　而我自己呢，或許也可以稱為「陽光媽媽」吧！老大就讀高中時，有回我對著鏡子梳頭髮，發現白頭髮又多了幾根，直覺反應：「唉，白頭髮和皺紋愈來愈多，真是歲月不饒人啊！」他安慰我：「媽，皮膚起皺紋沒關係，靈魂不要起皺紋就好了。」我沒聽懂，追問：「什麼意思？」他不疾不徐回答：「靈魂起皺紋就是失去對生命、對生活的熱情啊！」

　　我想，我這個媽也沒有讓他失望，我一直保有對生命的熱情，勇敢地走在自己的路上。

　　寄出和朋友分享的旅行心得及照片後，打開信箱收mail，小兒子寫著：

　　「媽，妳旅行到哪兒了？前幾天跟homestay的home爸、home媽聊天，我跟他們說妳去了西藏Tibet，他們都知道，也知道拉薩，他們說那兒很漂亮，也很想去那兒旅行。希望妳在西藏旅遊，一切順利，也希望妳能把妳喜歡的西藏文化都一一瞭解、拜訪，還可以認識很多西藏朋友！像我在這就認識了不同國家的朋友……。」

　　信箱內還有不少朋友寄來的mail，因為我連著幾天沒上網，他們在我信箱留下問候，有的還半開玩笑：「又流浪到哪兒去了？可別忘了寄照片和心情故事回

來啊！」

也有虔信藏傳佛教的朋友在mail中與我分享蓮花生大師的法教：「當你在行走時，觀想你的上師在你的頭頂，而你的心間端坐著你的菩薩，龍天護法們則圍繞在你的四周。也因為我時時做此觀想，旅行即使行經任何險境，也無懼。」

上回分享了天葬台的照片與心情後，大學學姐留言：「照片中的妳，站在群峰前，真是意氣風發啊！」我給她回話：

「山巒景觀遼闊，讓我看似意氣風發，但當時的感覺是很謙卑的，人世間有多少的不公平，唯有死亡是最公平的。站在天葬台旁，閉上眼，想像人的一生走馬燈一般轉過，最後的一刻還能寬容的以肉身利益兀鷲，這和中國人傳統想法堅持全屍土葬，是何等不同！……這筆其實愈寫愈有點提不太起來，很多更深層的體驗（感觸），一下子理不清楚，有時甚至覺得自己何必多事，一切無言，或許是最佳的選擇……。」

學姐再次給我留言：

　　我知道妳的意思。寫出來還是只有片面，不是妳最完整的想法或感覺，但是我們讀者會用心體會。

　　我知道妳當時是在天葬場旁邊。在群山的面前，我們卑微的存在會反射出山的重量，或許「意氣風發」的是亙古長存的山嶺。比起山，我們的生命很短暫，可是生命會延續。天葬場象徵著生死之間的界線是多麼自然，自然到幾乎感覺不到界線。

　　感謝科技，還有妳的毅力，讓我們能隨時跟上妳的腳步，隨妳隨緣走西藏。

行腳已經超過一個月了，其中必定有許多「不足爲外人道」的辛苦。加油！

　　幾個在自助旅行網站神交的西藏迷，這會兒一前一後都在藏地旅行，也互相透過網路交換最新的各種資料，現代科技的無遠弗屆，此際最能令人甘拜下風。

　　讀著一封一封mail，忽然看到一封令我震驚的mail，朋友告訴我印順導師往生了；另一封mail是加州朋友轉寄聖嚴師父的一篇文章，她說看了後感觸很多！

　　師父文中一開始寫著：

　　昨天，台灣有兩個場景形成耐人尋味的對照。

　　一是佛教界精神領袖印順導師的遺體，由弟子證嚴法師一路護靈回到新竹福嚴精舍後，舉行圓寂法會；信眾雲集，夾道念誦，莊嚴肅穆。一是任務型國代在陽明山中山樓集會，幾番擾攘，終究通過了修憲案；但群丑亂舞的山中傳奇，卻又一次令國人瞠目結舌。

　　接著，聖嚴師父扼要描述被公認爲台灣現代佛教創始人的印順導師，其對當今佛教界一些高僧大德的啓發與提攜，台灣佛教道場包括慈濟功德會、佛光山、法鼓山等的弘法與實踐，均與印順導師所闡揚的「人間佛教」信念息息相關。法鼓山所推動的「人間淨土」、「心靈環保」等理念，皆出於印順導師的啓迪。

　　師父又說：已成佛門表率，信徒遍及全球，畢生清儉的印順導師，直到圓寂時仍謙沖爲懷，其自傳更以「平凡的一生」爲題，展現平凡中的偉大。

　　啊，一位佛教界大德長老離開了人世，信眾默哀，顯現虔敬的情懷，連遠在

建築古老的木如寺，如今成為「拉薩印經院」。

大陸邊陲的我，都能隔山隔海感受那一份唏噓！

　　帶著印老辭世的消息走出網吧，有點落寞，陽光白花花地，彷彿隔世。

　　心中還記著師父文中所言：「印順導師終身倡導人間佛教，其高潔的志業、宏偉的悲願、辛勤的傳道，不知造福多少芸芸眾生！」一抬頭，看到斜對面古老建築木如寺，該寺曾有許多高僧大德，歷史輝煌；解放後逐漸衰微，目前成為拉薩印經院，只印藏文版《大藏經》。在它的右側是下密院，和位於小昭寺內的上密院，同是昔日格魯派僧侶通過顯教格西考試後學習密教的兩個重要單位，但目前也都已沒落。

　　又想起前兩天和藏族僧侶、尼姑及居士碰面，轉達朋友託付的多功能念佛持咒器、達賴喇嘛和薩迦法王及吉噶康楚仁波切等的佛法開示MP3，還有一百多頁存在我電腦的藏文伏藏資料。因為沒有印表機，我一頁一頁捲動，他們一句一句念誦，恭敬專注、求法若渴的虔誠心，對比台灣宗教之自由及佛法俯拾皆是，不禁興起無限感歎，有誰能來造福西藏的芸芸眾生呢？

你相信，
它就是

　　在我有限的接觸經驗中，藏民個個善良又熱情，說話簡單不拐彎抹角，沒想到，今天卻在色拉寺跌破眼鏡，連續遇到兩位語氣帶「針鋒」的「冷」藏民，讓我一時反應不過來，呆愣著！

　　色拉寺是拉薩三大寺之一，位於拉薩北方色拉烏孜山腳，昔日最盛時僧侶曾多達九千多人。早在十五世紀時，宗喀巴大師帶著兩位弟子於後山一座山洞修行（現改建成小寺廟），有天散步時，聽到馬鳴聲從一樹底下傳出，命弟子往下挖，挖出一尊馬頭金剛佛像，於是在山腳下修建寺廟供奉。

　　「色拉」的藏語意思是「冰雹」，據說該寺在奠基時下了一場冰雹，因此以此為名；另一說法，是因為山下生長一種名叫色拉的野玫瑰而得名。無疑地，後者傳說浪漫多了，我一來到色拉寺，便先在四周野地尋找野玫瑰的芳蹤，可惜一無所獲。

　　隨著一些藏民沿色拉寺的外牆轉經，寺廟後方緊臨著巨石崢嶸、造型獨特的色拉烏孜山，走到一小簇樹林旁，有一山泉自林中石縫中流出，轉經藏民好意指點我那是聖水，我喝了一小口，透心涼！

　　獨自再往前走，看到有一婦人蹲在一棵大樹下，移開靠近根部的一個石頭後，樹洞裡出現一小潭飄浮著樹葉，看起來黑黝黝的水，她舀了一些喝，我想這應該也是聖水吧，一邊在她旁邊蹲下來，一邊招呼似的搭訕：「嗯，這也是聖水嗎？」沒想到她回頭看我一眼，沉著臉，語氣很不好的回答：「妳相信，它就是。」然後迅速將石頭蓋回樹洞，頭也不回的離開，留下還愣在原地的我。

　　首次遇到這麼「冷」的藏民，當下我的心感到有點兒受傷害，因為之前遇到的每一位藏民都很和善，她顛覆了我對藏民的好印象。我蹲在地上發呆了好一

用石頭蓋著的小樹洞，內有聖水。

會，聖水也顧不得喝了，努力為她找理由，會不會是因為她曾經被漢人騙過或傷害過？所以對漢人沒有好感。

這樣想著，稍感釋懷，抬起頭，看到建在色拉烏孜山半山腰的宗喀巴修行小廟，心中忽然產生一股即刻上山朝聖的衝動，正好有位年輕小伙子走過來，我問他：「請問你知道山上那座寺廟，有路上去嗎？」小伙子抬頭看了看修行小廟，口氣平平回答：「如果妳能走，全部都是路。」這句話是什麼意思？正想再問，他已走開了，我回想他臉上神情，實在無法分辨他是真心話還是諷刺的話。

連著被「將軍」兩次，心中隱約浮現「不服輸」的好強心，抬頭觀察了一會修行小廟周遭地形，坡度有點陡，看起來不像有路，但以我多年登山經驗，這幾百公尺的距離還難不倒我，於是看準目標方向，一步一步往上爬。

離開山腳的小樹林後，山坡景觀轉為遍布光禿嶙峋的大小石頭，間雜生長著零星的低矮灌木叢，這山坡路爬起來還不輕鬆，烈日當空，不一會便氣喘吁吁，

汗流浹背。休息時，回頭一看，不但山腳下的色拉寺盡納眼底，還可以遠眺大半個拉薩市，布達拉宮依然是圖畫中最明顯的一個標地物。

環繞著色拉寺四周的轉經道。

眼看離目標愈來愈近，到最後約50公尺處，卻出現巨大石塊擋住去路，左繞右繞都沒路，只好施展爬岩功夫，手腳並用越過大石塊，接著是一小片樹叢，穿過時，手部突然傳來一陣酸麻刺痛，低頭一看，哇！樹叢下長滿高大的「咬人貓」，顯然從沒有人打這兒走過，咬人貓才會長得這般茂盛。

小心翼翼穿過咬人貓，終於上抵寺廟旁的小空地，緊貼著山壁有個往下挖成的石砌水槽，蓄滿了水，看似有活水源頭，真是神奇！放眼四周都是乾涸的山坡旱地，山頂也無積雪可化為雪水，水源從哪兒來呢？地底下？搞不懂，不想了，拿起旁邊的木水瓢舀出來喝了一大口，疲累頓時消減。想到這有可能是幾世紀以前，宗喀巴大師於此修行時的飲用水，無形中彷彿也受到了加持力，入喉的水甘醇，回味無窮。

看看高度計不過爬升四百多公尺，居然花去不少時間，更叫人氣結的是，登高望遠，從山下到山上景觀一清二楚，赫然看到右側有一條明顯的「之」形山徑直達修行小廟，原來是從山腳下一路繞著較遠處的和緩山坡上來的，路程雖然遠些，但看去相當好走。

下山時回望修行小廟，我就是從廟前那陡峭的山坡及雜木林「爬」上來的。

剛剛在山腳下，若再耐心等待其他轉經的藏民詢問，一定會有人明確告訴我上山的路在哪兒，只怪我自己沉不住氣，這下得了個教訓，以後還是別自作聰明走捷徑，更別好強自以為是，反而欲速則不達──修行道上不也是如此？雖說即心即佛，但妄想一步成佛是絕不可能的，還是老老實實修行，收穫多些。

　　宗喀巴的修行小廟目前由色拉寺僧人強巴丹曾掌管，我抵達時他正在屋頂用水泥修補裂縫，他親切地請我喝酥油茶，告訴我他剛從屋頂上遠遠看到我獨自一人從陡坡往上爬，還以為來了一個外國人呢，我問他為什麼會以為我是外國人？他回答：「因為藏民不會這樣走。」

　　站在屋頂上，邊喝酥油茶邊聊天，他被派駐於此已經六年，平常一星期下山補充糧食一次，姊姊一家人也和他住在廟旁小屋。從我一抵達，就在我旁邊轉來轉去的那個可愛小男孩，原來就是他的外甥，小男孩一點也不怕生，雖然語言不通，但經由比手畫腳，加上糖果作媒介，他立刻和我

看管修行小廟的強巴丹曾和他活潑可愛的小外甥。

以昔日宗喀巴大師修行
山洞修建而成的小廟,
屹立於色拉寺後山

成為朋友，跟前跟後和我玩。

　　修補工作告一段落後，強巴姑秀喇（「姑秀喇」是拉薩地區對僧人的尊稱）帶領我走下屋頂，打開鎖著的寺廟大門引導我參觀，寺廟依傍著山崖地勢建成上下兩層，內部空間不大，寺內供奉的神佛，我大多不認得，強巴姑秀喇說明時用藏語，我也聽不懂，但毋須言傳，我仍沐浴於濃郁的肅穆氛圍中。

　　走進宗喀巴大師昔日修行山洞時，身在窄小幽暗的山洞內，立刻有一股無形的慈悲與智慧磁場像電流一般貫穿身心，暈黃的酥油燈映照著宗喀巴大師和弟子的塑像，在凹凸不平的崖壁上投射成神祕的光影，微微晃動著。我對著塑像禮敬過後，雙手合十，閉上眼，靜心冥想，強巴姑秀喇也不再說話，靜默退出山洞，我就一個人立於幽暗的洞內，讓心識穿過五百多年的時空，憶想宗喀巴一生事蹟，整個人沉浸於一代大師偉大的宗教情懷中！

　　告別時，姑秀喇指點我如何接上小徑下山，走了一小段後，側頭凝視我爬上來的那片陡坡和宗喀巴修行小廟，再度想起那位藏婦說的話：「你相信，它就是。」

　　有哲理啊，這句話，宗教信仰就是一種絕對的「相信」啊！雖然佛陀告誡弟子：「當善觀我語，如煉截磨金，信受非唯敬。」鼓勵弟子檢驗佛法，要像冶金過程一樣嚴謹，不要只是因為恭敬釋迦牟尼佛是自己上師，就不假思索的相信及接受所有教法，但只要走過這個煉截磨金的階段後，真正的佛弟子就會對佛法產生堅定不移的「相信」，否則一邊走在修行道上一邊還在質疑，那麼，肯定生生世世都無法到達彼岸啊！

拖拉機上的
藏族阿嬤

　　我和十來位藏民一起擠坐在小小的拖拉機上，隨著拖拉機「蹦蹦蹦」冒著煙困難的往山上行駛，每個人的身體也一路上下左右「蹦蹦蹦」晃動著，顛簸得五臟六腑宛如隨時都要易位。

　　我們正在前往青朴修行聖地的路上。

　　青朴修行聖地位於西藏山南地區桑耶寺東北方山腰，藏地流傳一句話：「到了桑耶寺未去青朴，等於白來桑耶寺。」青朴修行聖地在藏民心目中如此重要，但從桑耶寺到青朴修行聖地的十多公里山路，路況卻差得令人不敢相信，厚厚的泥土路面坑坑洞洞，並遍布著大小不等的石塊。每當風來或車過，灰沙塵土漫天飛揚，剎那遮蔽掉半邊藍天，人坐在拖拉機上，不一會就「灰頭土臉」，全身上下也全都變成土黃色。

　　這是我第一次搭拖拉機，它原是鄉村用來載貨的工具，在交通不便的偏僻處，同時充當交通工具。駕駛者坐在前頭高高的獨立座上，後面拖著類似台灣腳踏三輪板車，我們十多人就擠坐在毫無遮掩的板車裡。

　　剛剛上車後，一位藏族阿嬤坐在我旁邊，她其實和任何一位藏族老婦沒多大差別，但由於昨晚我剛夢見阿嬤，藏族阿嬤那滿布皺紋風霜的臉孔攫取了我的視線，阿嬤的影子和她交叉重疊，我的眼光再也無法離開。

　　看到我盯著她看，藏族阿嬤咧開嘴衝著我笑，我也還她一個友善的微笑。我瞥見她口中幾乎無牙，年紀肯定很大了，一身藏族服飾，花白稀疏的頭髮依靠絲線纏繞，勉強綁成兩條細長辮（傳統藏族婦女已婚象徵），懷裡抱著一大袋添酥油燈用的酥油，是禮敬諸佛的供品。

　　昨晚夢見阿嬤，這是阿嬤逝世兩年多來，我們首度在夢中相會。夢中，屋內

只有我和年邁的阿嬤，似乎有盜匪即將入侵，阿嬤急得不得了，來回踱著方步口中喃喃自語：「怎麼辦？怎麼辦？」我冷靜地說：「阿嬤，別怕！我會保護妳，妳去躲起來，等安全了再出來。」

　　之後夢境如何發展，醒來已不復記憶，只有保護阿嬤的心依然清晰強烈。這夢有何象徵意義？我不知道。阿嬤剛逝世的那段日子，每晚入睡前我都冀望阿嬤託夢，告訴我她在極樂世界，我為她做的佛事她都收受了，而且也利益了眾生，但是，夜夜清明無夢。

雅魯藏布江綺麗風光。

阿嬤雖然一輩子拿香拜拜，也隨身帶著一串出家爲尼的姨嬤送她的佛珠，但她不是眞正的佛教徒，直到住院後，才在病床邊正式皈依三寶。

　　爲阿嬤做的佛事，今生今世我可能都無法知道是否眞正幫助了她，不過它確實幫助了我，也幫助了我們娘家一家人。

　　阿嬤走的那年三月，我放棄高薪，離開工作了十多年的中日合資大企業，進入法鼓文化工作，開始有系統的認識佛陀，學習佛法，並在七月時皈依聖嚴師父，沒多久，九十三高齡的阿嬤生病、住院、昏迷近三個月，於年底走完一生。

通往桑耶寺半途，雅魯藏布江邊出現沙化現象，讓人錯覺來到沙漠。

桑耶寺通往青朴修行聖地的山路，路況奇差，拖拉機常陷入厚厚的沙土中。

因緣奇妙，我轉換工作跑道，彷彿就是為了陪伴阿嬤走完最後一程作準備。

　　突然，手臂一陣緊，有人抓住了我，原來是拖拉機顛簸得厲害，藏族阿嬤瘦弱的身體歪斜無法坐穩，只好拉住我的手臂。我看她另一手艱難地抱著那一大袋酥油，示意要幫她，她比畫著不能放地上，我點頭，知道這是要供佛的，放地上不敬，把它高高放在我的背包之上，她放心地笑了。

　　虔誠信佛的藏族老人應該算是幸福的吧！即使經濟不寬裕，心中有依靠，單純的朝佛、轉經、誦咒，日子在平淡中也過得極有意義。而我的阿嬤，自小為童養媳，年輕守寡，獨立撫養兩個女兒（我的母親和阿姨），勞碌於生計，無暇思索其他；到了老年，物質不虞匱乏，但子孫各有各的世界，同輩親朋好友陸續辭世。不識字的阿嬤，日子一下呈現空白，生命凸顯出心靈的無從寄託，於是，埋怨、叨念、找碴，佔據了她晚年生活中的大半。

　　年輕時的阿嬤開朗堅毅，我讀小學時父親生意失敗，宣告破產，家被法院查封，債主天天上門討債，父親只得和母親離開故鄉重新創業。阿嬤帶著我們五個小孩留在台北老家，她外出幫傭，我帶著弟妹，偶爾去撿拾破銅爛鐵，阿嬤總耳提面命：「認真讀冊卡要緊，才會出頭天。」

　　身為老大的我，就是在那段艱困的日子裡，和阿嬤陪養出親密的祖孫感情。

　　阿嬤沒受過教育，教導我們憑藉的是她自己生命的經驗。她懂得一籮筐台灣諺語，無論我們做事或讀書，嫌這怪那時，她會告誡我們：「不會駛船嫌溪彎」，要我們自己反省，別把責任往外推。

　　我讀大學時參加登山社團，常隨著男同學縱走中央山脈，夜宿同一帳篷，鄰居知道後，有人跟阿嬤咬耳根：「女孩子這樣不太好吧？」阿嬤總是回以：「樹

頭若站穩，不怕樹尾作風颱。」

後來我結婚，成為四代同堂大家庭的長媳，初始不太適應，回娘家時免不了抱怨，阿嬤總是笑著告訴我：「憨孫ㄟ，甭計較，做人哪，有量才有福！」

這樣充滿人生智慧的人，為什麼到了晚年，反而路愈走愈窄，作繭自縛？

不同於附近一帶灰褐色的山體，青朴修行聖地林木茂盛，一片青翠。

拖拉機突然停了下來，引擎發出悶悶的嘶吼聲，車輪陷入灰土中，在原地空轉，不需師傅開口，藏民紛紛下去推車，只留下年紀較大的幾位藏民。我跟著跳下車，雙腳立刻陷進厚厚的灰土中，真想不透這些灰土是如何形成的，遠看青朴修行聖地，一片青蔥翠綠，難道是上蒼故意以這片惡地考驗入山者的決心？

　　拖拉機動了，大家回到車上，藏族阿嬤再度靠著我身體，抓住我手臂，車子依舊搖晃厲害，她不自覺地愈抓愈緊，我的手臂隱約作痛，只好回挽著她手臂，另一手抓住車旁護欄穩住身體，她回頭對我笑笑，兩人就這樣一路手臂挽著手臂，好似一對親密的祖孫。

　　終於抵達土路終點，來到青朴修行聖地的入口，再上去必須步行，拖拉機師傅和大家約了回程時間後，我和三位康巴人及一對拉薩來的夫婦結伴往上爬（這是我多日來累積的經驗，任何朝聖，緊跟著會說普通話的藏民準沒錯），藏族阿嬤動作遲緩，沒一會便落後於我們視線之外，她肯定無法像我們走完整個聖地，但也不用為她惋惜，老藏民都是走多少算多少，朝聖心意不打折，但體能的限制讓他們很隨緣，聽說許多人會走到他生命的最後一刻，就算死在轉經路上，是榮耀也是一種幸福。

　　傍晚朝聖下山，夜宿桑耶寺簡陋的招待所，一躺下來，接觸到硬床面的剎那，股溝皮膚一陣疼痛，我在棉被裡小心翼翼地檢查，經過拖拉機來回兩趟的顛簸折騰，不僅手臂和屁股酸痛不已，股溝周遭也磨破了皮，敷上藥，側著身子睡，實在累極，不一會就進入夢鄉。

　　今夜，阿嬤會再入夢來嗎？真希望看到她也在轉經路上，快樂自在地轉經，誦著「阿彌陀佛」……。

最古老的
修行聖地

　　拖拉機抵達青朴修行聖地入口後，我隨著三位康巴人及一對拉薩來的夫婦往上爬，事後證明我的選擇是對的。康巴人雖然不太會說普通話，但人很好，一路招呼著我，而來自拉薩的達娃次仁先生，甫自西藏自治區司法院退休，用大陸話形容就是「水平很高」，一路不厭其煩地為我講解他所知道的一切。

　　有人形容，西藏古修行地就像繁密的星星點綴在神山中、聖湖旁，而其中最榮耀和最具無上殊勝的聖地，無疑就是青朴修行聖地了。

　　青朴修行聖地位於桑耶寺東北方，桑耶寺位於雅魯藏布江北岸的哈布日山旁，建於八世紀中葉，寺廟由蓮花生大師勘定，建築由寂護大師規畫設計，建成後，吐蕃王赤松德贊從印度及中原內地邀請高僧到桑耶寺譯經傳教，並挑選了七名貴族子弟剃髮為僧，桑耶寺成為西藏佛教史上第一座佛法僧三寶俱全的寺廟。

　　桑耶寺以烏孜大殿為主體，代表須彌山，環繞著烏孜大殿的四周，分別建有象徵四大部洲及八小洲的佛殿，組成龐大的建築群，整個建築群的四周圍牆呈橢圓形，牆高三公尺多，牆上布滿小型佛塔1008座，四角對峙著紅、白、黑、綠色四座大型佛塔，相映生輝。

　　由於八世紀蓮花生大師時期，藏族的七名貴族青年最早在桑耶寺出家：大師在青朴山上開創苦修地，帶出了藏族歷史上的第一批覺悟者，之後又有不少著名的大成就者（最著名者為寧瑪派大師龍欽繞強巴）於青朴修行。青朴後山還有西藏三大天葬台之一，所以青朴修行地與桑耶寺齊名，藏民認為到了桑耶寺不上青朴朝聖，等於沒到過桑耶寺。

　　西藏所謂修行地和一般寺院道場的最大不同，在於修行地幾乎都是自然景觀集萃處，例如山溝、樹林、巨岩、洞穴、水畔、泉源等。修行地對藏密的修煉者

三位來自康區的朝聖藏民。

環繞著桑耶寺烏孜大殿四周，有許多小佛殿。

非常重要，有所謂「修行四處所」之說，必須在山洞、泉眼、墳場（天葬台）、廢墟，每處都要靜坐一百零八個夜晚。

藏傳佛教在雪域上傳衍了一千多年，之所以留下眾多著名的修行地，一方面因為早期西藏寺院道場的設立緩慢，因此以個人為主的修行地眾多；另外，回溯佛教起源，釋迦牟尼佛開悟前，以王子身分摒棄繁華富裕，衣衫襤褸行腳施化，在尋求開悟的過程中，於山林野地隨遇而安，靜坐冥想，開了靜坐修行的先河。佛陀涅槃後，印度回教興起，佛教受到打擊，只能遠離城鄉，偏安修行，因此在印度與中國交界的喜瑪拉雅山區，因應產生了許多修行地。

佛教傳入雪域後，修行地的概念也一起進入；直到十五世紀格魯派興起，建立了寺院林立的佛教全盛時期，出家僧侶大都集中於寺廟內修行，位於偏遠靈山秀水的修行地才逐漸減少。

對藏民而言，若自家附近出現了修行地，都會感到高興甚至自豪，自動布施食物

支持修行僧眾，因為修行者的虔誠修行會使當地成為善妙福地。

　　當我搭拖拉機上山途中，遠望青朴一帶，以為只有低矮的灌木叢分布，直到沿山徑往上爬，才發現草木茂密，在曲徑通幽的山路兩旁野花怒放，偶爾還出現潺潺山澗。資料記載，此地夏無酷暑，冬無嚴寒，難怪高僧大師都來此修行。傳

大殿屋簷下色彩豐富、華麗的雕刻藻飾。

整齊的窗戶外觀，簡單中流露出雅致。

說這兒曾有歷代修行大師和信徒的修行洞共一百零八個，因年代久遠而損毀，目前只剩下三十多個。

　　整個青朴修行地範圍相當大，山徑叉路又多，均無標誌，繞來繞去，像在走迷宮，沒有地圖指引，根本無法尋訪到任何聖跡。我們一行人，完全憑藉以

前來過的達娃先生，一路口頭詢問遇到的修行者，才能順利朝聖一個個隱藏的聖跡。

這些為數眾多的聖跡，除了蓮師和後期大師留下的各個修行洞外，還有石刻古佛像、三世佛石刻相、長壽寶瓶巨岩、石上蓮師自然相、蓮師足印、蓮師頭跡、甘露聖水等。

到西藏旅行，到處都有聖跡，看得多了，不免有點「見怪不怪，見聖不聖」，我反而是對此地的修行者感興趣些，這些修行者，男女老少都有，有的

在青朴修行聖地可遇到形形色色的僧侶。

住在怪石嶙峋的天然石洞內，有的自建小木屋或石板屋，有的就在空地搭帳篷。途中我們曾經過樹林下的一頂帳篷，門掀開著，帳篷裡有位年輕僧人在磕長頭。另外也看到很年輕的尼姑在水源旁洗衣服，稚嫩的臉龐猶有一抹少女害羞的紅暈。這些年輕男女為何放下一切，遠離塵世，來到青朴修行？是真的對佛法有所體悟，還是有其他因素？我很好奇，不過語言不通，無從問起，而且問僧尼這些好像也不太禮敬，質疑似的。

想起《茫茫轉經路》一書的作者溫普林提到，他於一九八○年代首次進青朴，到二十世紀末四入青朴，青朴有些修行人本質已改變，有人告訴他是附近不願辛勤勞動的村民，寧可來青朴出家，接受供養，因為有愈來愈多的中外旅客前

來朝聖，旺季時可收到不少供養金。

若真如此，那麼我們也只能祝福這些人，歪打正著，在耳濡目染中，受靈山聖地及真正修行者影響，潛移默化，體悟到佛法的奧妙，轉為真心修行。

幸而我們遇到的，看來都是真正發心的苦行者，在我們為朝聖禮佛而進入的一些山洞和小屋內，除了佛龕是最

青朴修行聖地的一座小寺廟。

主要的擺設外，大都只有一張小床，甚至只有打坐的位置，顯然整夜不倒單（不躺下睡覺）；有的還只是在地面鋪上一小塊厚毯或卡墊，打坐兼休憩，生活必需品堆在角落，看得出物質需求已降到最低。

半山腰有一小土丘往外突出，被稱為「銅色祥山」，視野寬敞，可以看到整個青朴如蓮花開展，三面環山，呈凹字形；南面是逐漸向桑耶寺所在方向開闊而出的山坡地，桑耶寺再過去便是寬廣的雅魯藏布江，附近山谷幾全是裸露的灰褐色山體，唯有青朴這兒林木蒼翠。

一小間一小間簡陋的修行小屋，散布在聖地山坡上。

據說青朴修行聖地的加持力非常大，能聚集三域空行母，有緣者便能看見或聽見非人和五部空行母轉經，以及各種聲相。

站在「銅色祥山」，山風清朗，襲滿一身，我雖然什麼都沒看到或聽到，但仍感受到那無形的力量。

修行者到了這塊修行聖地，就像是一粒塵埃落入了大地，一滴水珠融入了江河大海，在諸佛菩薩、龍天護法圍繞庇佑下，世俗計量的時間消失了，沒有過去也沒有未來，就是在每一個當下精進用功。

這塊聖地是具有生命的，它彷彿正輕微的呼吸著，帶著一種溫柔鬆軟的韻律，而在溫柔鬆軟中，又高鼓著一種隱祕的湧動，是因為自古以來許多虔誠修行者，將他們的一生都淬煉進這塊聖地的緣故吧！

青朴不僅是一塊聖地，更是無數生命的最後棲息處。

猴子嬉戲
的地方

離開桑耶寺，我乘坐寺院爲朝聖藏民開的「拉薩——桑耶」專車，按照慣例，回程先開往澤當鎮朝聖「昌珠寺」和「雍布拉康」，然後才返回拉薩。

澤當鎮位於雅魯藏布江和雅隆河的交匯口，藏語意思是「猴子嬉戲的地方」，地名源自觀世音菩薩點化修行神猴與羅刹女結合，繁衍出藏族祖先的神話，「澤當」就是他們後代下山玩耍的地方。這猴子變人的故事，藏族民間廣爲流傳，於古老經書中也有記錄，並搬上布達拉宮和羅布林卡（達賴喇嘛的夏宮）的壁畫。

澤當屬於「山南地區」，遊客若是搭機抵拉薩貢嘎機場，從機場進入拉薩市區的公路旁有許多大型看板，寫著「世界之巔在西藏，西藏之源在山南」，這「山南」指的便是西藏行政區之一的山南地區。

山南位於雅魯藏布江中、下游，北面與拉薩市相連，東面是林芝地區，西面是日喀則地區，南面則沿著喜馬拉雅山脈和不丹、印度接壤，受到南印度洋濕暖氣流的潤澤，降雨豐沛，氣候溫和，因此，雅隆河谷一帶成爲藏族古代文明的發祥地。

據藏文史料記載，雅隆河谷是西藏最早學會墾荒種田、豢養牲畜、引水灌溉、冶煉金屬、燒製陶器、架設橋樑等技術的地區，這一帶不但是吐蕃王朝的發源地，而且出現西藏第一塊青稞地、第一個村莊、第一位贊普（國王）、第一座宮殿、第一本佛經。

傳說中，西藏第一位國王聶赤贊普做爲天神之子來到人間，西元前一世紀，雅隆部落的牧人在放牧時，發現一位高大英挺的年輕人，氣質不凡，語言、舉止和當地完全不同，牧民問他從哪兒來？年輕人指了指天，牧民以爲他是「天神之子」，便伸出脖頸，搭成轎子，迎請他回部落，擁護他爲首領，帶領雅隆部落百

雍布拉康一帶由雅隆河灌溉而成的農地和民居。

姓，這位年輕人被部落民眾稱為「聶赤贊普」，聶是「脖頸」，赤是「寶座」，贊普是「英武的王」，於是，聶赤贊普建立了吐蕃王朝。

聶赤贊普是個聰明能幹的人，帶領子民務農放牧，發展成富裕的社會。百姓在其指導下，修建了西

昌珠寺內有許多充滿原始風味的壁畫。

藏第一座王宮「雍布拉康」，位於澤當東南山上，為碉堡式建築，規模不大，但聳立山頭，雅隆河谷全景盡納眼底，氣勢恢宏。曾作為西藏最高權力中心長達千年，七世紀松贊干布遷都拉薩後，才慢慢從王宮變成佛殿。

七世紀初，傳到松贊干布，十三歲執政，傳說他頭上有一個無量光（阿彌陀佛）陀羅尼咒頭，鄰國都稱他「雙頭國王」。雄才大略的松贊干布從雅隆河流域崛起，兼併了雅魯藏布江南北岸的許多部落，統一雪域高原，建立吐蕃王朝，和大唐聯姻迎娶文成公主，因文成公主信奉佛教，又通曉五行，卜算得知整個西藏位於仰臥的魔女身上，因此於魔女心臟與肢體等位置興建寺廟加以鎮壓。

位於澤當南邊約5公里的昌珠寺，便是當時興建的十二鎮魔寺之一，位置恰好

在魔女左肩。傳說昌珠寺原址爲湖泊，湖中有一五頭惡龍，經常興風作浪，給當地帶來災難，松贊干布修法化爲大鵬鳥，降伏惡龍，湖水退乾，始於湖上興建佛寺，命名爲「昌珠寺」，意思是鵬鳥鬥惡龍之處。

第一天，我隨著桑耶寺朝聖專車來到已有一千三百多年歷史的昌珠寺，因爲師傅給的時間有限，全車藏民腳步匆匆，遇佛即拜或以額頭碰觸或爲酥油燈添加酥油表示禮敬，分秒不停留，我想仔細觀賞都無法慢下腳步，不覺有點心煩氣躁，匆促間跟著藏民整個繞了一圈後，回到車上；繼續往「雍布拉康」，情形一模一樣。

朝聖完，專車趕著回拉薩，我因爲要轉往敏珠林寺，在澤當鎮下車，晚上寫旅行筆記，才吃驚發現，我竟然錯過昌珠寺鎮寺之寶——珍珠唐卡，想是下午因爲心煩意躁，自己就被自己給耽誤了。

隔天獨自搭小巴車再度前往，氣定神閒，完全不一樣的心情。

和大昭寺一樣座東面西的昌珠寺，面積不大，分爲殿前廊院、大殿和外圍廊三部分，主要建築是措欽大殿，圍繞著殿四周是一圈外圍廊轉經道，底層布局和大昭寺相似，中間爲經堂，周圍東、南、北三面依次分爲十二個拉康（神殿），供著不同的佛菩薩。

我細步輕移，走過正中佛殿三世佛——過去佛燃燈佛、現在佛釋迦牟尼佛、未來佛彌勒佛（藏民稱強巴佛），三世佛兩側是文殊、地藏、普賢等八大菩薩。經堂右側神殿供奉西藏史上最偉大的國王松贊干布，左右是他兩位愛妻大唐文成公主、尼泊爾赤尊公主，站立的是以智慧幫松贊干布成功娶回文成公主的大臣噶爾和創造西藏文字的學者吞彌‧桑布扎。經堂右側神殿主供大悲觀音菩薩，並供奉

碉堡式建築的雍布拉康，是西藏第一座王宮，七世紀後才轉為佛殿。

昌珠寺格局和大昭寺類似，環繞著寺院四周同樣有一個迴廊似的轉經道。

著文成公主使用過的雙孔灶和古舊的陶盆等，昔年文成公主與松贊干布常回雅隆故鄉過冬，住在昌珠寺前院屋宇，後來遺物被搬進寺內神殿，做為神物讓藏民瞻仰，也算是紀念這位在雪域高原度過大半生的偉大女性。

在二樓找到了那幅鎮寺之寶唐卡，原來被鐵欄杆隔著，很容易錯過，唐卡是在松贊干布時期興起的一種繪畫藝術，極富藏族文化特色，為刺繡或繪製在布、綢、紙上的彩色卷軸畫，題材廣泛，除了以宗教為主，還包括歷史和民俗內容。

這幅唐卡的特殊處在於非絲線刺繡也非色彩繪製，而是使用珍珠和寶石鑲嵌

而成，寬一公尺多，高約兩公尺，據統計使用了將近三萬顆小珍珠，是當今世上獨一無二的宗教藝術珍寶，原作距今已有六百多年歷史。當時乃東王妃是一位虔誠的佛教徒，晚年以她畢生積蓄和元朝皇帝賞賜的珍珠瑪瑙，精心織綴成一幅「白度母自在圖」，敬獻給孜措巴寺，孜措巴寺後來毀於戰亂，珍珠唐卡不知去向。直到文革時，被紅衛兵意外給翻找出來，轟動整個西藏，當時由於織綴的金線斷損，珠珍、瑪瑙和寶石已脫落不成樣，由幾位老僧人重新修復，再移交給昌珠寺成為鎮寺之寶。

　　隔著欄杆凝視珍珠唐卡，比真人略高的白度母頭部微傾一側，手腳往外舒展，一副怡然自在的模樣，度母是「聖救度佛母」的簡稱，是觀音菩薩的化身，在藏傳佛教中，觀音菩薩的化身有數十種，白度母和綠度母是最主要的兩種，白度母就是身色白色的救度母，面部有三眼，雙腳雙手還各有一眼，因此又稱「七眼女」，象徵能全面觀照世間，救助眾生一切苦難。

　　藏語稱度母為「卓瑪」，許多藏族女性都以此為名；西藏百姓視唐文成公主和尼泊爾赤尊公主兩人是度母化身，為西藏文明的躍進貢獻斐然；在藏族起源的神話中，藏族祖先神猴與羅剎女的結合，也是經由觀音菩薩點化，才繁衍出藏族子孫。

　　凡此種種，不難看出度母在西藏受崇拜與喜愛的程度。

　　而這幅半裸露著身體的「白度母自在圖」，和漢地觀音菩薩婉約莊嚴的法相雖然相去甚遠，但藏地和漢地的觀音菩薩同樣都是諸佛菩薩中最人格化的一個神佛，與老百姓關係親密，她融合佛菩薩的悲智、母親的慈愛、女性的溫柔，千手千眼，拔眾生苦，觀音信仰不分時空廣布人間。

　　觀自在菩薩，行深般若波羅蜜多時，照見五蘊皆空，度一切苦厄……

啊，他是主持
法會的上師

不遠處傳來微細的、低沉的法螺鳴聲,好像夢境,如真似幻……。

我突然醒轉,坐起身來,法螺聲仍持續著,不是作夢,我摸了一下床和棉被,回過神來,是了,我單獨一人睡在敏珠林寺整潔素雅的招待所內。而昨天西夏堪布告訴我,今天清晨四點法會就開始了,他提醒我不用那麼早起來,七、八點再去都行。

黑暗中,一道又一道的光間歇掃過窗外,我掀開窗簾一角,往外窺視,一個個手持手電筒的僧侶,如魅影似的,飄在黑黝黝的夜幕中,從四面八方往密宗殿方向集中,我看了一下螢光手錶,快四點了,法會即將開始。

離開棉被的身體一陣涼意,趕緊躺回溫暖的棉被裡,不一會,又沉沉睡去。睡夢中,有低低的誦經聲伴隨著,是真實還是作夢,已無法分辨,只覺得那韻律像和緩的海潮,而我化身為猶在母親子宮羊水中的胎兒,身心溢滿溫暖、舒鬆、安全感。

這一覺又睡到六點多才醒來,打坐過後,我躡手躡腳走入昏暗的密宗殿,已經七點了,從四點就開始的法會,仍然持續著。我靠著牆角坐下來,天光柔和的從殿頂天窗悄悄地斜灑而入,渾然天成的誦經聲迴盪在殿堂內,沒有指揮,數十名僧侶的誦經,加上此起彼落的各種法器,卻配合得如此天衣無縫。

暫告一段落時,法器與誦經聲悠然而止,所有僧侶放下法器,脫下僧帽及大外衣,紛紛走出殿外休息去了,我從牆角往大經堂中間移動,陽光亮了些,經由頂層天窗,局部投射在低矮的誦經桌和卡墊上,零散放置的僧帽和法器在陽光下升騰起一層煙霧閃爍著,而其他照不到陽光的角落仍然昏暗,寫著歲月痕跡的藏式五彩幃幔,在微弱的光影中交織著神祕與莊嚴。

敏珠林寺屬藏傳佛教四大教派中歷史最久遠的寧瑪派。

晨光從屋頂天窗斜射而入，為昏暗的密宗殿帶來一絲光亮。

整體氛圍感覺很好，想拍照，光線不足，又沒腳架，正在四處張望找地方架高相機時，忽然注意到殿堂前面靠近佛像的兩根大柱旁，左右相對各有一大法座，遠高於周遭低矮的僧侶座位，而西夏堪布剛從法座下座，一身法衣，威儀無比。

我心中暗暗一驚，這法座是寺廟法會時最高上師的象徵，之前我只知道西夏堪布是敏珠林寺佛學院的院長兼教授，看來，他的身分地位不僅於此。

和堪布打了招呼，他回房休息，我趕緊找到堪布的侍者詢問，沒錯，西夏堪布正是敏珠林寺主持大型法會的上師。

天呀！我真是有眼不識泰山，昨天來到寺院後，看到西夏堪布身旁隨時都有僧人服侍，還以為那是佛學院弟子對院長的禮

敬呢！和他聊天時我提出一些有關藏傳佛教及修行的問題，他都不厭其煩的解釋及說明，強調藏傳佛教雖分成許多不同教派，差異主要在於傳承祖師、修行重點和方法有別，至於基本教義則都是來自釋迦牟尼佛的教導。

再回想一下，堪布甚至為了我的相機電池要充電，找不到適合的插座，還親自帶著我樓上樓下前前後後到處找插座。哎，我真是何德何能，讓上師如此款待？

佛教講「因緣不可思議」、「因緣何等奇妙」，這次和西夏堪布及敏珠林寺結緣，正是這些話的最好寫照。

位於山南地區扎囊縣的敏珠林寺，本來不在我的行程內，因受台灣朋友之託，帶一些伏藏資料給西夏堪布，之前打電話聯絡，正好西夏堪布到拉薩辦事，便約在拉薩見面。西夏堪布給我一張名片，上面印著他的簡歷及身分，他擁有相當於博士學位的佛學學歷，目前是寧瑪派六大寺院之一佐欽寺（位於四川甘孜藏族自治州）上師、西藏山南敏珠林寺佛學院院長、四川甘孜道孚玉科因喀寺佛學院總主持……等，每年冬季還會前往上海為一些台灣來的居士開講座、指導修行。

當天中午請堪布用過簡

盤坐於大法座上主持誦經法會的西夏堪布。

餐後，隨堪布回到他在拉薩八廓街的暫居處，幫堪布確認他的電腦可以讀取MP3
資料，屋內另有一僧一俗，聽到我來自台灣，開玩笑問我可不可以到台灣玩？我
回答：「歡迎歡迎，只是台灣沒什麼特別，西藏才好，像天堂一般。」後來告別
時，西夏堪布送我到門口，對我說：「西藏雖然像天堂，可是也有壞人，夜晚別
在外逗留。」關懷的語氣和態度，好像慈祥的長輩在叮嚀少不更事的年輕人，其
實堪布的年紀還小我許多呢！

　　正是西夏堪布告訴我，藏曆五月十日（新曆六月十七日）是一年一度紀念蓮

敏珠林寺曾學者雲集，成為西藏各學術領域的中心，目前其佛學院仍享有盛譽。

花生大師降生的日子，敏珠林寺將舉辦大型活動，包括連續三天法會，法會依據大伏藏師咕如秋王著的《上師密集》，密集內容都是在頌揚蓮花生大師，第三天並由喇嘛跳蓮師八變等金剛步舞（俗稱跳神），第四天舉行灌頂法會。這機緣來得巧，因緣具足，於是，臨時決定把敏珠林寺納入行程中。

敏珠林寺的藏香中外馳名，有「香中之王」別稱，在拉薩會面時，西夏堪布帶了寺院藏香和我結緣，拿近一聞，有股藏藥特有的香味溢出。堪布介紹敏珠林寺藏香是依傳統祕方製成，以考究的傳統技術和純正的香味成為各大寺廟三寶佛殿的供奉上品，甚至外銷至印度和尼泊爾。它共由白檀香、紫檀香、麝香、藏紅花、冰片、丁香等三十多種珍貴天然藥材和香精製而成，能使人修身養性，心曠神怡，又能避邪、除垢、預防感冒等。

來到敏珠林寺後，因為全寺五十多名僧侶幾乎都在忙著法會、跳神等活動，我自行參觀全寺。敏珠林寺建築古樸，沒有多餘的虛飾，寺中有些佛像和一般慈眉善目的佛教神像不同，大多是怒目相向、多頭多臂的造型，據說這些都是護法神靈，莊嚴無比。不過，其中釋迦牟尼佛和未來佛強巴佛的法相，倒是莊嚴肅穆，散發著無盡的慈悲，讓我捨不得將眼光離開，就和兩尊佛對望許久，交換著心靈的對話。

在知道西夏堪布的崇高身分後，尋到一個機會，我對堪布頂禮，說明自己剛接觸藏傳佛教，不懂禮數，若有違反規矩的地方，還請堪布原諒，包容我的無知。堪布很客氣地笑著：「不會啊，我覺得台灣人都很虔誠，只是有些對佛法認識不清，也不依道次第修行……。」堪布提醒我，真要修學藏傳佛教，道次第非常重要，我若想對他的教派寧瑪派作進一步瞭解，他有位堂兄楊堅洛德仁波切，

敏珠林寺全景。

西夏堪布與作者合影。

目前在台北主持「寧瑪巴智慧佛學會」，我可以去那兒學習。

法會的空檔，只要堪布不是在休息，我都跟隨著他，坐在起居室卡墊上喝茶聊天（我喝酥油茶，堪布胃不好喝白開水），三餐也和堪布一起吃，其間不時有藏民進來獻哈達、供養金。每位藏民一進來，都先對堪布磕頭禮敬，我見狀總是趕緊起立，垂手站在一旁候著，堪布通常會先將藏民獻的哈達回披在他們頸部，有時手摸對方頭，口中低低誦咒，應該是祈福吧！有時會和藏民交談幾句，並回贈一張不知是誰的法像。還有一回，一位藏民抱著小孩進來，好像是小孩身體不好常生病，請求堪布祈福加持，堪布先是和藹地問了一些問題，然後摸著小孩的頭，誦咒祈福。

雖然堪布和藏民的對話，我一句都聽不懂，但每位藏民離開時，從他們臉上洋溢的滿足、喜悅神情，我想，信仰的力量就是一種最好的心靈醫藥，每個人都在這短暫的會晤中，獲得了某種程度的精神治療。

我最後一天要離開時，西夏堪布也送了我同樣的一張法像，原來這是堪布的上師「班瑪曲英喬達尊者」的法像，他是一位大成就者仁波切，法像後面印有尊者的指印和祈請文，並有堪布寫的說明：「凡有緣得此法像者，請置於室內莊嚴處，必會得到巨大佑護和加持。尊者弟子西夏堪布為利樂眾生而發心印製此像，凡請到此像者，請放生一千及念頌蓮師心咒一萬遍。」

法相充滿慈悲與智慧的未來佛，藏地稱為強巴佛，等同於漢地的彌勒佛。

回想這三天，我真是何等有福報啊！居然能和西夏堪布結緣，聽聞佛法，堪布的修學很高，卻謙虛為懷，在他眼中，我這個對藏傳佛教一知半解的小人物，應該就是單純的一個「人」；芸芸眾生中的一個「眾生」，他完全包容了我的無知。

我從西夏堪布身上看到了大師的風範；看到了一位真正修行者的慈悲心；看到了「眾生平等」、「無分別心」的具體實踐！

跳神與灌頂

　　敏珠林寺法會的第三天，一大早，大殿前廣場聚集了不少藏民和僧人，同心協力架設大型布篷，做為蓮師八變等金剛步舞（俗稱跳神）的場地，同時，三五成群的藏民也陸續如潮水般湧入，個個手提酥油茶保溫瓶，帶著餅乾、點心，遇到熟識者，寒暄聊天，開懷大笑，整個寺院充滿節日的歡樂氣氛。

　　寺院外更是喧嘩熱鬧，不大的空地聚集了無數攤販，宛如廟會趕集，我帶著相機四處閒逛，寺外繞一圈再回到寺內廣場，看到除了舞台位置外，四周已坐滿人，還有不少人爬上對面僧房屋頂，我趕緊擠到方便拍照的最前面位置，席地坐下，試問了一下兩旁藏民，都不懂普通話。不過沒關係，微笑就是最好的招呼方式，坐了一會，等他們習慣了我的存在後，我用張紙佔位置，向左右藏民比畫我離開一下，他們會意點頭，我知道這些鄉下藏民都很老實，會幫我看顧位置，這就放心地四處拍照去了。

　　近中午時，跳神正式展開，穿戴著各種面具及琳琅滿目服飾造型的僧人，陸續上場，一幕接著一幕，襯著法螺、嗩吶、銅鈴、鼓、鑼等法器，節奏雖然簡單，但舞步和手勢的變化不少，令人目不暇給，而舞者無論是一個旋轉，一個跳動，都很熟練，看來僧侶們一定花了不少時間排練。

　　可惜看不懂內容，想問人，左右都不會普通話，西夏堪布陪著拉薩來的大施主坐在二樓小廊台觀賞，熟識的幾位僧人也不曉得在哪裡忙著，只好「內行看門道，外行看熱鬧」。

　　努力回想我讀過的資料，在古代，西藏本土宗教苯教就有「跳神」形式的宗教舞蹈，佛教寺僧吸收苯教動作，再結合瑜伽部「金剛舞」，佩戴不同面具而舞。表面上是僧侶們戴上面具扮演各種神佛跳舞，事實上這也是一種密宗儀軌，以前

只在密宗殿內進行，後來公開於僧俗大眾面前，主要是為了驅邪除障，弘揚教法，令眾生皈依佛法更虔誠，並有勸世人棄惡揚善、諸惡莫作的功能。

跳神進行到四點半時，連續刮起幾陣強風，大布篷的支柱被吹歪，往觀眾頭頂壓下來，大家一哄而散。由於支柱不容易再架起，最後整個撤掉，幸好這時太陽被雲層擋住，不像正午時那般熾熱，跳神繼續，在蓮師的八個化身佛現身後，有丑角似的福官出場，不斷捉弄表演者和觀眾，逗得全場笑聲不斷。

快結束時飄起小雨，散會後，雨勢漸大，西夏堪布告訴我，下雨是好事，因為山南地區已經很久沒下雨，農作物正等待著雨水的滋潤，如同往年，每當法會及跳神過後，都會帶來陣雨，是諸佛的賜福回饋吧！

第四天是灌頂法會，由於在台灣看到不少對修行沒興趣，只對灌頂趨之若鶩的人，使我對灌頂有點「感冒」，我就這問題請教西夏堪布時，堪布簡單為我說明藏傳佛教灌頂的意義，通常是要修持一位特定本尊時，必須由一位具格上師帶領

跳神是一種歷史久遠的宗教舞蹈。　　　　　　　簡單劃一的手足動作，充滿力與美。

進入本尊壇城，這時就會舉行灌頂儀式。灌頂並非剎那讓一個人法力無邊，它的內在意義是依著上師的圓滿證悟體驗、弟子的恭敬心與修行層次，來喚醒弟子心中的特別能量，然後精進修行，進入密續道路，直到圓滿成就。而這次灌頂，無關修行範疇，主要是為民眾祈福加持，所以每個人都可以參加。

一早，藏民再度扶老攜幼擠滿大殿前廣場，還出現不少公安維持秩序，在公安和僧人引導下，藏民依序排隊，人愈來愈多，隊伍只好繞了一圈又一圈，最後不得不繞到寺外去。為了縮減空間，每個人都緊靠著前一個人，雙手搭在前面人肩上，若是熟識的同性便環抱著腰。

公安為了挪出更多空間，不斷粗魯的推著藏民：「再往前一點，靠緊一點！」已經夠緊的藏民被這麼用力一推，腳跟站不穩，整個隊伍就像骨牌效應一樣，一下整排往前倒，一下整排往左傾斜，一下整排往右扭曲，我忍不住狠狠地瞪著那幾位粗魯推藏民的漢族公安，但藏民沒一個人生氣，還像在玩遊戲似地，伴隨著

琳琅滿目的面具與服飾造型，加上各式輔助樂器，令人目不暇給。

丑角似的福官為現場帶來一片歡樂，其後端坐著蓮花生大師的八個化身。

發出啊、喲、哇、呵等各種驚呼聲，笑成一團，同時迅速自動調整隊伍。

　　十點半後開始灌頂，我本來也排在隊伍中，但天氣愈來愈熱，心想反正我不急，最後接受灌頂也可以，便離開隊伍，悠閒的繞了寺院一周。寺院後方是製香廠，可惜目前停工，無法參觀，再回到大殿二樓，從小窗口可以看到灌頂法會全景。嗯！這個位置不錯，居高臨下，使用長鏡頭正好可以清楚拍到西夏堪布為民眾灌頂的動作。

　　感覺有幾位漢族公安的態度不太尊重灌頂這宗教儀式，一副不懂為什麼有這麼多人頂著豔陽揮汗排隊，只為了給堪布撞一下頭，這就是灌頂？在他們眼中，可能覺得所有虔誠的藏民都是被宗教愚弄的傻子吧！

　　時間分分秒秒過去了，日正當中，豔陽如炙，隊伍人數有增無減，依然長龍不見尾，我坐在二樓窗台，身心清涼，想著敏珠林寺所屬寧瑪派的一些相關記載。

　　藏語「寧瑪」意思為古、舊，寧瑪派

一位遠道而來的僧侶，靜坐於群眾中，彷彿入定般。

是藏傳佛教四大教派中歷史最久遠的一派，西元八世紀時由蓮花生大師傳下，所傳承的是藏傳佛教前弘期的密教。

在藏傳佛教後弘期的數百年間，四大教派中的格魯、薩迦、噶舉先後都曾主掌西藏軍政大權，唯獨寧瑪派未曾參與權力的角逐，是因為寧瑪派比較淡泊權力，比較專注修行嗎？還是有其他原因？關於這點，在我看過的資料中都沒提及，不過，寧瑪派雖未主掌過西藏軍政大權，卻在大五明、小五明等領域，尤其是史學、醫學、建築等方面表現傑出。

十七世紀時，五世達賴喇嘛兼修密法，對寧瑪派積極支持和提倡，不但聘請寧瑪派高僧德達林巴（敏珠林寺由他大規模擴建他巴林廟而成）做自己的經師，還給予敏珠林寺大量物質資助，送去眾多經書充實寺廟藏書，並派格魯派僧人前往敏珠林寺深造，使敏珠林寺學者雲集，成為西藏著名佛教學府，在天文、曆算、文學、醫學等領域具有崇高

烈日下，等候灌頂的藏民於殿前廣場依序排隊。

藏民將牛糞貼於牆面曬，作為燃料。

威望。在西藏民主改革以前，布達拉宮的僧官學校教師都是聘請敏珠林寺高僧擔任，西藏最權威的「天文藏醫院」也是聘請敏珠林寺專家負責編寫「藏曆年表」。

時代變遷，敏珠林寺作為西藏各學術領域中心的角色逐漸喪失，但作為寧瑪派祖寺的地位仍然屹立不搖，更是西藏最大的寧瑪派寺院。

灌頂一直持續到下午兩點多才結束，估計接受灌頂的藏民有三、四千人以上。我排在隊伍後面，來到西夏堪布跟前，偷偷看了他一眼，堪布頭戴三藏帽、左手持金剛鈴、右手持內裝蓮師佛像的鍍金嘎烏，容貌雖然是我熟悉的，可是看去又好像有點不一樣，感覺有點陌生。

灌頂結束後，猶流連不去的民眾，湧向分發法會供品和瓊漿聖水的僧人，並有不少藏民跑向要離開會場的西夏堪布，用頭摩擦他的衣襬，顯然，西夏堪布在當地民眾心目中有著無比崇高的地位。

連著兩天，跳神和灌頂都是我的第一次經驗，我參與整個過程，但遠不如藏民們全心全意投入，其間和藏民不時有身體接觸。我除了聞到藏民身上特有的味道外，隱約還可以感受到一種跳躍高漲的情緒，渲染著、滿溢著，這種差距，語言與文化隔閡固然是個因素，但或許也是因為我信仰的虔誠度遠低於他們。

許多藏民不識字，無法看懂佛經，對佛教教義的瞭解也很有限，但他們今世的生活甚至整個生命，卻是緊緊和宗教相連。雖然有人形容宗教是一種精神鴉片，會麻痺人讓人上癮，但活在這個什麼都無法確定的年代，或許，只有依恃著宗教的虔誠信仰，能讓他們產生生存的力量，並經由參與寺廟各種活動的過程，洗滌新生。

重返黑水河

　　從山南回到拉薩，待了一晚，繼續經由青藏公路往藏北走，打算由藏北重要樞紐那曲鎮往東，接川藏公路北線出成都。

　　由於青藏公路是中國內地和西藏聯繫的重要通道，承載著西藏百分之八十五以上物質進出的運輸任務，因此路面維護得相當好，是藏區所有公路中路況最好的，從拉薩到那曲三百多公里只花了四小時，相較於滇藏公路許多路段一小時只能走二、三十公里，這裡簡直稱得上是「高速公路」。

　　途中看到青藏鐵路的鐵軌已架設完成，正在做護坎，據說年底前可完工，明年正式通車，鐵路直達拉薩，對西藏到底是福是禍，莫衷一是！

　　因境內有條那曲河（怒江上游）而得名的「那曲」，藏語意思是「黑水河」，因此，東邊通到昌都的公路稱爲「黑昌公路」（即川藏公路北線西段），西邊穿過藏北無人區通到阿里地區的公路稱爲「黑阿公路」，黑阿公路銜接新藏公路可以抵新疆叶城。

　　那曲自唐代起便是青藏高原的交通要站，《新唐書‧地理誌》記載，從西寧到吐蕃國（西藏古名）之間共有二十多個驛站，那曲就在驛路上。清代路線雖有變動，那曲還是必經之城，今日，青藏公路、青藏鐵路和唐蕃古道融爲一體，那曲成爲藏北第一大城。

　　一般所說的藏北，藏民習稱羌塘（意指北方的空地），面積約三十多萬平方公里，大約等於十個台灣那般大的土地，僅有不到一萬的人口，遼闊、空曠，高寒缺氧，氣候變化無常，平常海拔4500公尺以上，一望無際的草原和荒涼的戈壁灘，茫茫壯闊，遊牧民族和野生動物群落組成這裡獨特的文化與自然景觀。

　　那曲海拔4500公尺，重回那曲，回想起二○○○年八月在那曲發生的高原反

那曲地區平均海拔4500公尺，高寒、遼闊、空曠，是動物的天堂。

應經驗，餘悸猶存，這回已在藏地待了一個多月，應該不會再有高原反應了吧？

　　懷著有點忐忑不安的心情抵達那曲，下車後背著前後一大一小背包，先到客運站詢問往昌都班車，接著找晚上住宿處，走來走去好一會，幸好如履平地，完全正常。

　　回想二○○○年那次，我參加青藏線旅行團首度入藏，青藏公路最高點是海拔五千二百多公尺的唐古拉山口，之前抵達「五道梁」時，大陸地陪就不斷提醒大家注意，要進入高原反應強烈的地段了，務必輕聲細語，多喝水，動作要慢。

五道梁海拔雖然只有四千六百多公尺，但被稱為青藏公路的死亡線，俗諺「到了五道梁，不是喊爹就喊娘」，就是因為那一帶空氣的含氧量只有海平面的百分之四十，一般人常在那兒開始出現嚴重的高原反應。我們不敢多停留，匆匆而過。

一年一度的那曲賽馬節，是藏北地區最大的傳統節慶。

　　到了唐古拉山口，下車觀賞風景及拍照留念，感覺走起路來有點兒輕飄飄地，不太踏實，八月盛暑，頂著豔陽，空氣還是冷冽無比！

　　到了那曲，當晚沒事，第二天一早匆匆忙忙趕著前往鎮外草原參加那曲賽馬節，這是藏北一年一度規模最盛大的傳統節慶，所有藏民包括牧民全都放下工作，盛裝出席這「草原盛會」，遠道而來者滿山遍野搭起帳篷，一頂頂如花朵盛放在如茵的綠色草原上，會場內人山人海，會場外更有琳瑯滿目的趕集攤位，光走過就讓人興奮不已。節目開始後，再看到各項精采的馬上競賽活動及形形色色的馬上功夫表演，駿馬奔馳，騎士風采翩翩，我們每個人都隨著前後左右的藏民一起拚命吶喊加油。

　　或許亢奮過度，中午回到住處用餐及休息時，腦部一陣發暈後，開始頭痛，從輕微很快加劇，好像被戴上孫悟空的金箍棒，太陽穴愈來愈緊，腦內疼痛膨脹宛如隨時會炸裂開來，幾個同伴都有類似狀況，各自喝了黑糖水（據說可緩解高

原反應）及藏藥紅景天，躺在床上，放棄了下午的賽馬會趕集。

一時，疼痛的潮水在腦內翻騰，疼痛有增無減，甚至稍微翻身，腦內就劇痛得劈哩叭啦似地要迸出火花，我再也不敢移動身子，四平八穩地仰天躺著，保持著意識的清醒，不敢睡著。潛意識裡有一點點恐懼，萬一睡著了，會不會就此不再醒轉？第一次感受到死亡是如此容易，又是如此迫近。

那時我還未真正開始學佛，但可能因為身在藏地吧，自然而然就想起閱讀過的《西藏生死書》，書中提過誦〈六字大明咒〉的功效，口中不自禁地反覆輕聲誦著，嗡嘛呢唄咪吽，嗡嘛呢唄咪吽，嗡嘛呢唄咪吽……。

腦海中自然而然觀想著，劇烈疼痛宛如從萬丈懸崖頂俯衝而下的瀑布那般奔騰，然後在高聳峽谷夾峙中奔流而去，漩渦急湍，水花四濺，出了山谷，河床漸寬，水流漸緩，終於平靜的匯入海洋。

後來在〈六字大明咒〉的韻律中，不知不覺入睡了，一覺醒來天色已黑，頭部雖然還是有點發脹，但已經不會疼痛，同房女伴沒有我幸運，狀況仍在，後來繼續吃藥，仍持續有高原反應，一路不舒服，直到幾天後抵達海拔略低的拉薩（3650公尺高），才完全適應。

出乎大家意料之外，同隊有一正值壯年的先生高原反應最為嚴重，兩眼翻白，失去意識，領隊緊急騰出一輛車，趕往拉薩醫院急救，院方說幸好送得快，再晚一步很可能就會轉成肺水腫。

對照同伴的情況，當時我只覺得自己很幸運，後來有幸進入佛法殿堂，並隨著李鳳山師父練氣功，一路走著走著，個中奧妙，漸有所體悟。

藏傳佛教「咒」的意思是指「真言」，和漢傳佛教的「佛號」（例如阿彌陀

佛、南無觀世音菩薩）類似，誦咒既是一種心念的收攝，也是自我心身的振動頻率調整，更是一種氣的調整。

　　許多藏傳佛教密宗和印度瑜伽的書籍，均提到人體本身就是一個「人體生物能量場」，從這個觀點，可以解釋藏密瑜伽出現功效的原因。以誦咒為例，誦咒時產生振動，而這種振動的頻率與宇宙能量輻射場的振動頻率相符合，這就可以提高個體生物能量場的能量等級。人會生病，就是因為振動有不調和的現象，所以經由誦咒的聲波振盪，即可調整身心的振動頻率，甚至可以進一步以聲波打通體內脈結。

　　〈六字眞言〉（六字大明咒）就是利用發音時的氣息，起到打開身體氣脈的作用，對密宗修行和對身體健康，都很有助益。而禪宗的打坐，更是一種身、心、氣的調整。

　　每當我對朋友說起這些體悟，並回首印證黑水河的經驗，非佛教徒、沒打坐經驗和沒接觸過氣功的朋友，聽了總是以存疑的眼神望著我，似乎不太相信，我實在不想說他們是井底之蛙，只能以「如人飲水，冷暖自知」快速結束談話。

那曲地區人煙稀少，村落間的交通工具以摩托車為主。

客車上的
三日兩夜情

　　從那曲往東到藏東大城「昌都」，距離七百多公里，屬於川藏公路北線西段，絕大多數的旅遊書對這裡的描述都很簡略，主要因為川藏公路北線的路況很差，班車又少，一遇大雨，必發生坍方或橋樑被沖垮的情況，一旦交通中斷，就要被困山中，出山的唯一方法是靠兩腳步行，因此，一般不太建議旅客走此路線。

　　昨晚詢問開往昌都的班車，兩天一班，行車時間三天兩夜。很幸運地，今天正好有車，一大早，來到客運站，熱鬧滾滾，不同路線的班車乘客各自忙著裝捆行李，找到往昌都的班車，好幾個人正七手八腳往車頂堆貨，車旁還有一大堆麻袋、木箱、包裹。

　　上車後，發現這輛客車還真不是普通的「破舊」，玻璃一層厚厚污垢，椅座傾斜不平，椅座椅背全是裂痕破洞，我按座號找到位置，拍了拍，滿是塵土，不知多久沒清洗了。前面一對抱著小孩的夫婦，太太正在埋怨，直說運氣不好，上回搭的那部比較新，這輛看起來這麼破舊，可別半路拋錨才好。

　　我拿糖給小孩吃，順便搭訕，先生不太愛說話，都是太太在答腔，他們是丁青縣的小學老師，內地人，正要返回學校，我問：「這條路的路況怎麼樣？」女老師邊搖頭邊嘆氣，說這條路一年能行車的時間有限，五月初，她由丁青搭車前往那曲，半路還下大雪，差點路斷，接著七、八月的雨季馬上來臨，雨季過完不久就是雪季，通常雨季和雪季時，客車停駛，往來只能搭運貨的卡車，不幸的是，卡車為數也不多。

　　看來，我還真挑對了時間。

　　繼續和女老師聊天，我問起教育狀況，女老師又是一陣搖頭嘆氣，說這裡的知識水平很低，家長觀念偏差，不願讓小孩讀書，她提高聲調：「上學不用學

費，住校吃住都不用錢，這樣還不好啊？他們還是不願讓小孩來上學。」「那怎麼辦？」「能怎麼辦，就是到處去找學生啊！告訴他們這是義務教育，不來上學要罰錢，若是一直不來，累積到一定數量後，老師就夥同村裡幹部到他們家裡拉牦牛頂替罰金，這招最有效，因為牦牛是他們的經濟依靠，怕被拉走，就會勉為其難讓孩子來上學。」

　　我啞然失笑，虧學校想得出來這對策，不過牧民也有苦衷，孩子是家中勞動力，上學了，牛羊群誰來放牧？站在我們立場，明瞭教育是改善貧窮的唯一途徑，

那曲往昌都途中所見寺廟，大都屬苯教寺院。

眼光放遠，無論如何都要讓下一
代接受教育。但牧民的想法是，
反正孩子將來也是一輩子放牧，
讀書幹什麼用？眼前家中就缺人
手，哪還顧得了看不見的未來？

　　看來偏遠牧區的教育問題，
還需相關人士運用智慧規畫，才
能兩全其美。

　　班車終於出發，我算了算，
二十七人座的中巴車只有十三位
乘客，會有那麼多行李，原來是
車上有七個「遊牧商人」，從那曲
採購了大批貨品，要運往昌都。

　　七個「遊牧商人」分坐在我
前後左右，互問哪裡人，我說我是
南方人，有人再問：「南方哪啊？」
我回答：「福建。」幸好他們都沒
去過福建，沒人再追問。

沿途居民的生活以半農半牧為主。

　　他們全是甘肅人，因為家鄉貧困，結伴出來找生路，之前幹過其他活兒，既
辛苦又賺不了錢，後來遇到幾個「遊牧商人」，跟著學了一些技巧，改成自己當老
闆，不用看人臉色。我問他們：「這樣從一個城鎮批貨到另一個城鎮賣，有賺頭

牧民小孩以好奇的眼光目送我們班車通過。

嗎？」他們回答有時賺得多些，有時賺得少些，總比待在老家好，而且可以四處遊走，增廣見聞。我再問：「你們都賣些什麼啊？」「不一定，看眼前流行和要去的城鎮缺什麼就批什麼貨。」行銷供需原理，他們倒懂得不少。

車上另外還有一位老藏民、一對年輕男女藏民，看起來彼此不認識，分坐在不同位置，因離我遠些，沒有交談。

車子出了那曲沒多久，油路沒了，路況變差，坑坑洞洞，崎嶇不平，車子好像隨時都會解體，不斷發出奇奇怪怪的響聲。

中午停下用餐時，師傅把車開到離餐館不遠的修車店檢查，結果是底盤鋼板震斷了一片，必須更換，這一換就是兩個多小時，小村落沒地方去，大家全坐在陰涼處等著。我拿出旅遊書對照地圖查看資料，每個人都好奇地圍在我旁邊，問我們現在在哪裡，我在地圖上指出位置，他們又七嘴八舌問：「那曲在哪？」「巴青（第一晚住宿地）在哪？」「丁青（第二晚住宿地）在哪？」「昌都在哪？」最後有人說：「那曲到昌都這麼近，要走三天車喔？」

女老師告訴我，通常第一天抵巴青約晚上八、九點，結果晚上八點半時，我們還在路上，而且車子再度開進路旁小修車店補輪胎。花了近一小時後，車子再度牛步上路，在晃動中全車人相繼進入夢鄉，直到一聲爆裂，車身搖晃後緊急剎住，大家全驚醒了，師傅助理下車查看，說是右後輪爆胎了。

即使已進入六月初夏，公路所經山峰仍然積滿白雪。

　　之前半路上車的兩位上海背包客，拿出超亮手電筒幫忙照明換備胎，其他人有的幫忙有的圍觀，我看沒有我能幫忙的，便拿著手電筒往回走，不知誰喊了一聲：「別走太遠，別離開大路喔，有野狼。」

　　我應了一聲好，走了一小段，關掉手電筒，四方暗了下來，只有車子方向有光亮，工具碰撞聲在靜寂的夜幕中斷續響著。

　　路原來就一直沿著河流走，站住腳，水流聲聽得一清二楚，一輪皎潔明月映照著河面浮光閃閃，在四千多公尺的海拔看四周群山，雖然感覺不高，但氣勢磅礡。

　　靜靜站著，瞳孔適應黑暗後，本來混沌一團的夜色反而顯得透明起來，遠山

被一片翠綠農田包圍的路旁民家。

牧民的白色帳篷如朵朵白花開在綠草如茵的草坡上。

也如一幅潑墨迷離的畫，柔柔的月光覆蓋著大地，寬闊的天地間既寧謐又神祕。

　　凝視了一會聳立於河對岸，只剩輪廓的群山後，再仰頭望向星空，夜空深沉，星子閃閃爍爍，心漸漸清澄開闊，恍若一只朝向四面八方敞開的大漏斗，和大自然同步呼吸，汲取源源不絕的宇宙能量……

　　這天，將近午夜十一點半，才抵達住宿地。

第二天狀況好些，車子只熄火了幾次，前一天黃昏，半路上來兩位背包客和一位殘疾中年人，背包客稱他爲「大哥」，聊天後才知道他們也是半路遇到的，因爲大哥見多識廣，口若懸河，而稱他爲大哥。

　　車上多了大哥，笑聲不斷，他雖然兩腳自膝蓋齊斷，但開朗風趣。他說他的人生目標是遊遍大陸，已經搭火車走過好幾省了，去過的名勝古蹟記得一清二楚，隨時可以講出完整的特色和典故，旅遊各省時，他就在火車上開講，因爲講得精彩，乘客都會捐款資助他。沒想到來西藏後，老是遇到比他窮的，而這裡也很少人對他講古說書有興趣，已經好一陣沒收入了。

　　黃昏時抵丁青，在客運站旅館登記好住宿，就近找了家餐館簡單解決晚餐，走回住處時，看到大哥在一家小雜貨店吃泡麵，我走過門口時和他打招呼，他高興地指著店中小姐對我說：「這方便麵是這位大姐結緣請我吃的。」

　　最後一天早上班車要離開時，大哥說他不走，要在丁青待一兩天，四處看看，我很佩服他的樂觀和勇氣，幫他付了晚上住宿費，當作結緣。

在屋外曬太陽的老婦人，看到客車經過，高興地對著我們擺手招呼。

山路以之字形盤旋，翻過一座又一座的高山。

從那曲到昌都，一路海拔幾乎都在4000公尺以上，靠近昌都時才下降，路況雖差，但景觀從第一天的純牧區、第二天的農牧區混合、第三天的峽谷溪流風光，變化多端，時值春夏之際，野花開放，路旁到處一片旖旎花海，即使是陰天無陽光，大地依舊色彩斑斕。

　　沿途除了一些小村落外，牧民都分散住在帳房，這種帳房據說用犛牛的腹毛織成，搓成毛線再細密縫製而成，防水又保暖，路旁看守羊群的人大都是小孩、姑娘或婦女，當車子經過時，他們面對著揚起的塵土也不走避，反而目不轉睛的注視著。有幾次我注意看，他們的視線一直隨著車子移動，直到車子消失，有時坐在帳房外曬太陽的老人也會怔怔看著我們，有些小孩甚至跟在車後面追著跑。

　　在每一次短暫和他們眼神交會的刹那間，心底不禁都會升起一絲感傷，他們絕大多數的人可能一輩子都走不出這裡吧！行駛中的車輛，代表著遠方的熱鬧城市，代表著家鄉以外的世界，他們那複雜的眼神是什麼？羨慕？嚮往？想像？

　　車抵終點，大家互道再見，彼此祝福一路順利，自助旅行的其中一個趣味就在這兒──和陌生人一起搭車，可以見識芸芸眾生相，尤其是長途客車，在車上共度幾天時光，好像有條無形的線將彼此繫在一起，禍福與共。儘管來自不同地方，生命角色相異，有著迥異的生活習慣，也不知道彼此的名字，甚且抵達目的地後，各奔東西，有可能今生今世再也無緣相遇，但至少當下時光，大家共處有如朋友。

　　這種短暫的真誠情懷，我非常珍惜，俗諺：「十年修得同船渡，百年修得共枕眠」，能同車也是一種修來的緣分吧！

豪大雨
沖毀了三座橋

才說雨季即將來臨，它就悄悄地來了。

從那曲搭長途客車快抵昌都時，開始下雨，入夜後愈下愈大。半夜我被滂沱雨聲吵醒，翻個身再度入睡，渾然不知，山洪沖毀昌都往東三座橋樑的惡夢，正在成形中。

藏東大鎮昌都是座山城，城內兩側都是巍巍高山，城內被扎曲河和昂曲河分隔成三區塊，以數座橋樑相連接，城內建築大都沿山勢層層而建，這裡屬於康巴藏區，文化自成一格。

五月從雲南入藏，曾在這兒住過兩天，晨昏都前往位於老城區台地的強巴林寺，隨著大群藏民轉經。強巴林寺是藏東地區最大的格魯派寺院，也是藏區唯一不收門票的大寺院，我在寺中首度目睹喇嘛辯經的盛大場面，精彩絕倫。

天亮後，雨還不停下著，買了往江達的車票，位置在最後一排。江達是西藏最靠近四川的城鎮，從江達再轉搭省際班車進入四川省德格縣，這段路程，昌都到江達約230公里，江達到德格約100公里，正常狀況只需花費一天，作夢也沒想到，結果我花了三天才抵達德格。

客車開離昌都不久，雨停了，天氣逐漸清朗，雲霧從山腰盤旋著往上昇華，襯得青山虛無飄渺。沿途每隔不遠，便看到河對岸山坡出現盛裝的藏民馬隊，坐我左側的藏民秋松說，他們都是要去迎接從海外回來的一個活佛，我心中暗叫一聲「可惜」，若非七月初必須回到台北參加早排定的修行活動，我這就下車隨行了。

孩子在成都讀大學的秋松，是個少見文質彬彬的藏族中年人，要前往德格探親並朝聖德格印經院，他是虔誠的佛教徒，對藏傳佛教懂得很多，一路我們聊得很投緣。

強巴林寺喇嘛兩人一組進行辯經，手舞足蹈，精彩萬分。

康巴老者與小孩一見如故，玩得不亦樂乎。

坐在我右側是位漢族女孩，非常年輕，足蹬高跟鞋，穿著緊身褲，挽著一個時髦的手提包，臉上化著妝，坐在她右側是一位帶著小孩的藏族媽媽，小孩坐不住，動來動去，她一直以嫌惡表情和語氣，不斷提醒藏族媽媽把孩子抱好，球鞋別踢到她身上，我直覺不太喜歡她，也懶得和她說話。

坐在我們前面兩排全是康巴人，要前往四川甘孜，他們一群有七人，其中老者不斷回頭逗小孩玩，小孩笑呵呵玩得很高興，扭動的肢體就更遭致漢族女孩的白眼相向了。再往前是一對跑單幫的四川籍兄弟，幾位漢族、幾位出家僧侶，其餘都是藏民。

接近中午時，車子忽然停了下來，前面車輛大排長龍，師傅助手下車打聽，回來說一座木橋被大水沖走了，正在搶築便橋，聽說很快就可通車。

這「很快可通車」把不準是何時，我有點擔心接不上江達開往德格的省際班

車，但師傅和所有乘客好像沒一個人在乎，笑嘻嘻的下車，或坐或躺在野花遍生的山坡上聊天，愜意極了。

我往窗外一瞧，左邊是溪流，右邊是高山，春夏之際到處野花綻放，雨後放晴，在陽光下顯得格外生機盎然，能停在這風景旖旎的地方，也算是不幸中的好運吧！

拿著相機往溪邊走，蹲下來欣賞一朵朵丰采各異的野花，正忙著採蜜的蜂蝶在花間穿梭，螞蟻、瓢蟲等小昆蟲也四處鑽來鑽去，各自忙碌得很，看著看著，我不覺笑了起來，這不也是一個豐富的「小千世界」！

前方不遠處有一群馬匹正要渡河，因為溪水湍急，有匹看似領頭馬來回觀察了一會水流和地形後，挑了個地方率先下水，其他馬也陸續依照領頭馬的路線過

橋斷了，乘客於路旁山坡等候修復。

河，最後只剩下一匹體型略顯瘦弱的白馬，來來回回磨蹭，幾次眼看前足要下水了，最後一刻又往後縮回，顯然有所顧忌，其他馬在對岸，不斷嘶鳴，白馬在此岸也嘶鳴回應，這應該是牠們之間溝通的方式吧，我暗自為白馬著急。

白馬在河岸邊磨蹭許久，不敢下水過河。

時間一分一秒過去了，白馬在領頭馬下水處的岸邊，跑過來又跑過去，跑過去又跑過來，猶豫著，其間兩岸馬鳴聲此起彼落，我心中也愈來愈著急，快速轉著念頭，有何方法可助牠一臂之力？還沒想出方法，意外地，白馬在仰頭鳴叫一聲後，勇敢下水了。哇！加油加油，渡到河中央水深處，湍急的水流使白馬一浮一沉，有時只剩馬頭在水面，我緊張著，一顆心都快提到嘴邊

終於過河後，馬群紛紛靠攏慰問。

了，佛菩薩您可要幫幫忙，別讓牠被水沖走了。當牠終於爬上對岸，我鬆了一口氣，牠的伙伴全圍了過去，嘶鳴著，有匹馬還緊貼著白馬，臉對臉親密地磨擦著，那是牠的親人吧！

活生生的一部馬群渡河紀錄片，在我眼前上演，動物和人一樣，都是有情眾

生，有著相似的情感，就連對未知的恐懼，應該也是相去不遠吧！

恐懼是所有負面情緒中力量最大的，它也曾經是我的弱處，大部分的恐懼來自不確定性，對它投降就意味著永遠躲在自己熟悉的事物中，不敢往外跨出一步。接觸佛法後，我明白如果希望自己無有恐懼，就需要坦然面對，主動去體驗恐懼；慢慢地，儘管恐懼還是會隨著未知現身，但已轉化成帶有一種積極性、挑戰性的督促力量。雖然說來有點不可思議，但確實如此，只有「用一顆開放的心和恐懼交朋友」，才能不受恐懼的束縛。

回過神來，發現康巴人和漢族男性全爬到山坡上，一個個蹲在地上，彷彿在找什麼，等他們回來，才知道原來是在挖蟲草（中藥的冬蟲夏草），康巴人挖到十多根，我第一次看到新鮮蟲草，他們撥開外皮讓我瞧，隱約還可看到蟲的形貌。嘖！造化真是神奇，旋即想到中國人熱衷吃蟲草進補，又為蟲草的命運不勝唏噓！

從中午等到傍晚，便橋還沒修好，忽見七位康巴人拿著行李下車，我問秋松怎麼回事？原來是他們趕時間，要搭大卡車強行渡河。暮色降臨後，所有車輛掉頭回到約半小時車程的小聚落，填飽肚子，卻找不到住宿處。十多人只好半坐半臥全睡車上，打呼聲此起彼落，只要有人換個姿勢，整輛車都會搖晃，我環視全車，睡得最香甜的大概就是那位帶著棉被鋪在走道上睡的藏民吧！

我時睡時醒，半夜兩點被敲打車窗的雨聲吵醒，看看溫度攝氏十五度，這裡海拔約4100公尺，大概是因為車廂封閉加上人的體溫，所以只略感涼意並不覺得寒冷，否則我的羽毛衣放在車頂大背包裡，夜雨中爬上去拿還真麻煩呢！

隔天一大早，喇叭聲大響，通車了，大家都很興奮，在細雨中順利過了便橋。

好景不長，走沒多久，車輪陷進積水泥濘中空轉，藏民二話不說，捲起褲管

和衣袖就下去準備推車，師傅對其餘人說：除了女性和老喇嘛外，男性全部下去推車。漢人中有人下去但站在一旁觀望的，也有堅持不下車，找出各種藉口推辭的。唉，這時我真是以身為漢人為恥！

　　帶著相機下車，雨依然下著，滿地濕漉，幸好我穿的是防水的gore-tex風衣和登山鞋。後面一輛客車這時也到了，車上藏民主動下來幫忙，咦？我忽然發現下雨轉為下雪，雪花點點像碎棉絮一樣飄揚，車外每個人全身上下全變成白花花一片，有如白色精靈。

　　折騰許久，最後還是勞煩一輛路過的吉普車在前面幫忙拉，大家同時從後面推，這才脫離險境。

　　惡夢連連，不久又面臨第二座被沖毀的大橋，車陣堵得老遠，雨小些了，偶爾還出現陽光，我隨著藏民步行到斷橋處，一看，傻眼了，河面那麼寬，根本不

一部大客車在渡河時，於河中央熄火，動彈不得，最後勞動怪手救援。

可能修築便橋，河邊站著一堆人議論紛紛，都在討論有何方法過河，終於有位勇敢的大卡車師傅，決定冒險闖關。當卡車前後輪都進入滾滾洪水中，岸邊所有群眾莫不屏氣凝神注視著，我聽到旁邊藏民低聲誦經祈禱著，終於，卡車順利爬上對岸，所有人歡聲雷動！

這個成功先例讓每位師傅信心大增，一輛接著一輛全下了水，客車因為車身低，乘客改搭大卡車，客車再空車渡河，輪到我們那輛客車時，車上所有乘客在河邊站成一排為師傅加油。由於這一路上已熄火過無數次，每個人都暗中擔心老爺車歷史重演，幸好有如神助，師傅居然一口氣順利過河，我們鼓掌叫好，像迎接英雄一樣，把師傅捧得飄飄然。

而之前幫過我們的那輛客車就沒這麼幸運了，陷在河中央，前進後退不得，最後只好勞動推土機來拉，折騰了好一會，才順利渡河。

好像過關斬將一樣，一關比一關難過，來到了第三座被沖毀的大橋，河面雖然不很寬，但河水既深又湍急，這下連卡車都不敢嘗試，養路工程處緊急調了幾部挖土機打算從旁另挖出一渠道，用來疏導河水，降低水位，但緩不濟急。

天黑了，挖土機打著燈光還在趕工，正打算接受又要在車上過夜的命運，四川籍兄弟跑來問我想不想先離開？我說：「想啊，但要怎麼過河？」也真天才，他們想到拜託挖土機師傅幫忙，挖土機伸長手臂，人就蹲在怪手爪內，像泥土一樣被挖土機送過河，然後，在一小雜貨店內，由漢族女孩打電話給熟識的師傅叫車，連夜趕抵江達。

天亮後，離開西藏自治區，進入四川省甘孜藏族自治州。

一天的行程走了三天，在這三天裡，我最真切的感受只有兩個字：「無常」。

啦索索，神勝利了

四川甘孜藏族自治州

日本女孩麻衣

　　她，日本女孩痲衣，二十三歲，讓我想起了年輕時的自己。

　　在昌都客運站等候發往江達的班車時，我首度注意到她，個子比我瘦高，一頭短髮，戴著副眼鏡，和我一樣背著一大一小兩個背包，看來也是獨自一人旅行。最初我以為她是來自內地的背包客，上車後因為她的位置在前面，我的位置在最後一排，旁邊又坐著虔誠佛教徒秋松，一路聊得很愉快，我也就忘了前面有位獨行旅者。

　　直到車行至第一座斷橋處，所有乘客下車到山坡上等修便橋，她和藏民還有喇嘛比手畫腳，這才再度引起我注意。我心中打了一個問號，她是聾啞嗎？故意走過她們旁邊，瞄了一眼放在她膝上那本藏民和喇嘛看得興味盎然的書，咦？是日文的西藏旅遊書，我恍然大悟，原來她是日本人，我用英文向她打招呼確認，她高興得很，因為這一路語言不通，令她有口難言。

　　彼此聊了一會，發現她的英文和我一樣破，不過，可能是因為水準相當吧，我們溝通得還算不錯。

　　我真是佩服她的勇氣，英文不好，藏語不會，中文也說不了幾句，竟然敢獨自一人到藏區旅行。她說畢業工作了一小段時間，九月要再讀書，所以利用這幾個月旅行，她從香港轉廣州入境，飛成都後，先隨旅行團去了九寨溝，接著走川藏公路入藏，沒想到在昌都客運站要買前往拉薩的車票時，遇公安臨檢而被驅趕離開。

　　我問她：「妳不知道外國人不能獨自走川藏和滇藏公路進入西藏嗎？必須由旅行社代辦手續。」「知道，書上有說，但我喜歡獨自慢慢旅行，而且旅行社代辦費用好貴。」我建議她可以從成都搭飛機入藏，再從拉薩往外走，通常較不會被

在藍天白雲陪襯下，初夏的草坡更顯綠意盎然。

臨檢。她搖頭，表示不想搭飛機，她看資料可以從四川甘孜藏族自治州往西北接西寧，走青藏公路入藏，然後她想由中尼公路前往尼泊爾和印度，再回日本。

　　我拿出我的西藏加相鄰省份及國界的大地圖，標出幾個重要地名，跟她解說要如何銜接，有幾個關鍵處要特別注意，最後告訴她，我要回家了，地圖送她。

她如獲至寶，拜託我重複發音幾個地名，她用日文標註在旁。

車上乘客知道我可以和她溝通後，都好奇地問怎麼回事？我簡略告訴大家，沒想到不管藏族、漢族，聽得懂我說明的每一個人，都表現出高度熱心，紛紛獻策如何安全入藏，例如她應該先學會幾句道地的普通話就不易被識破是外國人，還有可以拜託別人買票啦、別進城待在城外攔客車拜託師傅啦、搭大卡車躲在後車廂啦等等，我翻譯給麻衣聽，她笑得合不攏嘴！

當我們車子陷進泥濘，男性下去推車時，我下車拍照，麻衣也跟著跳下車。我才往前走了幾步，隨即聽到她低聲驚呼，回頭一看，她大概缺乏經驗，不懂得泥地行走該如何避重就輕，這會

萍水相逢，麻衣（右）和作者有了一段短暫卻真摯的情誼。

兒雙腳全陷進爛泥巴裡。旁邊藏民見狀，趕緊拉她出來，只見一雙球鞋已經變成泥鞋，我回頭協助她脫下鞋襪，問她有沒有鞋襪可換，她比了比車頂，喔，收在大背包裡，那就只能暫時把腳縮在座位上囉！

我往前走了一小段，路旁出現一小山澗，水很乾淨，轉身回到車上請麻衣把

於德格印經院外遇到兩位小喇嘛，正和小朋友玩得興高采烈。

泥鞋襪給我，然後提著泥鞋襪找了片石板充當刷子，蹲在山澗邊洗刷。哇！水真是冰冷，也難怪，這裡海拔4000公尺高呢！當我把洗乾淨的鞋襪遞給麻衣，她臉上又是驚喜又是感激，連聲向我道謝。

遇到第二道斷橋時，我倆一起站在河邊觀看，溪水湍急轟轟隆隆，我見她看得目瞪口呆，扯開嗓門問她：「妳在日本一定從沒看過這種景象吧？」她邊笑邊搖頭，大聲回答：「從來沒看過，妳可以幫我拍一張照片紀念嗎？」

這兩天，她跟著我們在路旁小餐館用餐，因陋就簡不打緊，到處都骯髒得很，我是見怪不怪，但想到麻衣來自世上最乾淨的國家，忍不住問她：「西藏的髒，妳受得了嗎？你們國家那麼乾淨。」她笑笑：「剛來有點受不了，後來就習慣了，我不看這個，我看西藏的文化、歷史、宗教和人民。」

坐挖土機渡河後，麻衣告訴我，她一輩子都不會忘記這一幕，我回答：「Me too.」，我們在黑夜中互看一眼，相視大笑。

包車抵江達後，因為已半夜三點，大家都不想花錢住旅館，決定在車上睡，四川籍師傅警告我們深夜很冷，約了七點出發往德格後，拔了車鑰匙便和漢族女

環繞著德格印經院四周，有不少藏民在轉經。

孩離開了。秋松和四川籍兄弟各睡一排座椅，我和麻衣共享一排，各自斜靠向兩側，果然很冷，根本無法入睡，想想再三、四小時就天亮了，我也懶得到後車廂拿羽毛衣，便運用「內觀」觀想，身體才稍微暖和。

這車是漢族女孩叫來的，我們幾個人昨晚先付了車費，本以為七點出發，兩、三小時可抵德格，我還有充裕時間參觀德格印經院，沒想到整個早上都耗在江達。先是師傅不守時，九點才姍姍來遲；接著說車子有點問題，開到修車廠修了兩小時；然後又說還有幾個人要搭，再等一下，車子就這樣停在江達馬路邊。

眼看快中午了，我忍無可忍問：「師傅，您這樣浪費我們的時間，說不過去吧？」長得瘦小精悍的師傅回頭瞪我一眼，不高興的說：「我這是九人座車，你們才五個人，叫我虧本啊！」「可是昨晚我們談的是包車，付的費用就是包整部

德格印經院外的祖孫三人，眼神清澈，笑容純真。

車，現在你怎麼又改成算人頭？」那師傅再凶狠的回瞪我，還沒開口，漢族女孩出來打圓場：「哎呀，出門在外，大家都互相給個方便嘛，人馬上就來了，馬上就出發了！」

我奇怪那兩兄弟為何都不開口爭取權益，後來他們私下對我說：「那女孩是雞頭。」「什麼雞頭？」「就是專門介紹內地小姐到藏區做那種事的頭啦！妳沒看到等的女乘客都一個模樣嗎？每隔一陣子，她們輪批換人，那師傅專門載這種，通常來頭都不小，少惹他！」原來如此。

結果抵達德格已四點多，和大家道別後，我和麻衣找了間藏式旅館，房間還算乾淨，一人三十元，我倆都能接受，便住下了，放下背包，我趕緊前往德格印經院，麻衣因為之前已來過，未同行。當我急急忙忙趕到印經院，發現只開放到五點，唉！錯身而過，不知何時才有機會再來造訪？

晚上和麻衣閒聊，我提醒她明天一早醒來若看到我在打坐別吃驚，那是佛教徒的一種修行方式。她說她明白，她也是佛教徒，還拿出她的念珠給我看，難怪她會那麼喜歡西藏，可以忍受遍地的髒亂。

　　隔天，我們搭客車翻過五千多公尺高的雀兒山埡口，來到往成都和青海的三叉路小鎮「馬尼干戈」，換乘小麵包車往北走。我要去的佐欽寺，在翻過4800公尺的海子山埡口後，很快抵達下車點，師傅幫我卸下大背包，麻衣下車在一旁默默看著，三天半的相處即將劃上句點。

　　我們互相緊緊擁抱道別，我重複昨晚的叮嚀，提醒她一路要小心，萬一從青海還是無法順利入藏，而她仍想前往西藏時，那就回到成都，成都的「觀華青年旅舍」老闆娘是個喜愛自助旅行的日本人，可以協助她辦理所有入藏手續。

　　麻衣不斷點頭，等我說完，她對我說：「Echo, I don't know how to say, you are so kind……」她停頓了一下，繼續說：「Thank you for everything, I'll remember you forever！」鏡片後的眼睛閃著一點淚光，我們再度擁抱，在那停頓的幾秒鐘裡，享受真誠情誼的流露。

　　我接著拜託小麵包車師傅，請他務必載她到長程大巴站，協助她買好下一站車票，「可別讓人家回到日本後，說我們中國人欺負外國人。」我特別加重語氣說了這句話，師傅爽朗回答：「那當然，那當然，我們是大國嘛！」

　　站在路旁，看著車子揚塵離去，我本來不喜歡日本人，但在我眼中，麻衣就只是一個單純的「人」，一個單純的「旅者」，一個和年輕時的我一樣喜歡探索世界的「獨立型女孩」，而旅途中的情誼往往是跨越民族國界的。

　　我在心中對著車行方向默默祝禱：「麻衣，祝妳一路平安順利！」

大圓滿之夜

　　多年以後，當我在某個深夜突然醒過來，望向窗外的月色星光，我想我會想起獨自宿於佐欽寺招待所的這個夜晚。在海拔4300公尺高的山谷裡，刺骨的冷風從破窗中肆無忌憚的鑽進來，窗外依稀有著月光與星光，透過沒有窗簾的玻璃照進空蕩蕩的屋內，滿室寂寥，而在冷風颯颯聲中，唯一相和的是破舊天花板上那整夜召開運動會的大群老鼠……。

　　上週旅行到山南地區，敏珠林寺佛學院西夏堪布知道我要走川藏北線出成都後，提醒我務必前往德格縣竹慶鄉的佐欽寺朝聖，他說那是一個具有殊勝加持力的清淨勝地，除了寺廟，還有佐欽協日森五明佛學院及大圓滿閉關修行中心。

　　我在出發前讀資料時，也對佐欽寺（或稱竹慶寺）留下深刻印象，「佐欽」是「大圓滿」的藏語發音。已有三百多年歷史的佐欽寺，是寧瑪派最高法門「大圓滿法」的教授傳承發源地，歷史上曾出現過十三位虹化大成就者（指圓寂後肉身化為一道虹光消失），心中對修行能修到肉身化為一道虹光，嘖嘖稱奇！

　　因緣具足時，一切是如此地順利，下午和麻衣道別後，路邊便有專門載客的摩托車等著。奇怪的是，駕車者是僧人，我說要到佐欽寺，他點頭，連同大小背包一起上了後座，他油門一加立刻呼嘯急駛，穿越凹凸不平的山坡草地，經過佐欽村，上坡拐過一小山口，幾分鐘後，眼前豁然開朗，寬廣的翠綠山谷在遠處雪山陪襯下，宛如阿爾卑斯山風光！

　　這是第一回看到寺院擁有如此廣闊的大片山谷，而且展現壯麗與靈秀兼具的雪域風光，令人不自覺脫落滿身塵垢，難怪從寺院通往大圓滿閉關修行中心的路上，有一布條匾額這麼寫著：「茫茫眾生，就此安住於大圓滿之中吧！」

　　在緊臨佛學院的寺院招待所登記住宿後，我輕裝往山谷裡走，山谷盡頭是大

圓滿閉關修行中心，大門虛掩，才一腳跨進門檻，凶猛的狗吠聲立刻響起，嚇得我趕緊縮回腳，視線越過庭院，可看到裡面大殿台階前，眾多僧俗鞋子零散擺放著，看來殿內有法會或是⋯⋯？找不到任何人可以問，只好沿著外圍走一圈。

從山谷盡頭再往山坡高處爬，全是修行聖地，資料上記載有許多聖跡、修行洞及美麗的高山湖泊，據說全部走完要花兩天。我往上爬了一個多小時，經過森

從竹慶村進入佐欽寺山谷，沿途風景如畫，藏民悠閒騎馬漫步。

林、沼澤濕地、溪澗及岩壁等，看到有許多簡陋的修行小屋和帳篷散居著，但沒看到任何修行者（後來才知道，這幾天有活佛在大圓滿閉關修行中心傳授大圓滿法，修行者全參加去了）。

林間到處都是小徑繞來繞去，毫無指標也沒人可以問路。我爬到一個高崖上，風聲呼嘯，山下景致盡納眼底，嶄新的大圓滿閉關修行中心位在山谷最裡側，正在擴建的佛學院和招待所居中，寺廟則最靠谷口，一條小溪沿著右側山腳蜿蜒而出山谷，四周被高峰雪山環繞，好一片富庶的山河大地。

雖然沒找到半個聖跡，心中也不覺得遺憾，因緣不具足吧！只要能在聖地山中走一趟，沐浴在修行氛圍中，感受靈山秀水的神聖加持力，也是有所收穫。

晚上，有十幾張床位的偌大招待所只住了我一人，夕陽西下時，坐在窗邊面對著山谷深處的雪山及大圓滿閉關修行中心，以方便麵當晚餐，和著佛學院間歇傳來的法螺聲和誦經聲，嚥下去的彷彿是豐盛的山珍海味。

招待所的窗戶玻

佐欽寺山谷盡頭的高山森林裡，有許多簡陋的修行小屋。

佐欽寺所在的廣闊山谷，展現壯麗與靈秀的雪域風光。

璃到處是裂縫破洞，4300公尺高的冷風吹得屋內涼颼颼地像座冰庫，我蓋了一床厚棉被加上毛毯才稍感暖和。住在天花板的大群鼠友，整晚不睡覺，跑來跑去開運動會，把整片天花板震動得不時有木屑落下，害我直擔心老舊的天花板會不會突然垮下來？

聽著頭頂上老鼠未曾止歇的蹦跳聲，實在無法入睡，想起在網路上曾看過一個不用殺老鼠卻可以讓老鼠自動消失的方法——「先設法抓來一隻老鼠，在牠身體塗上鮮豔顏色，例如臉是大紅色，身體是綠色、黃色、藍色夾雜，尾巴塗成白色，然後把牠放走，老鼠就會絕跡了。」據說這是「老鼠心理學」，因為當那隻五彩的老鼠逃回洞裡，牠的親戚朋友看到後會大感恐怖，四散奔逃；而那隻五彩的

老鼠則會大感愧疚，也會逃走。這樣，整窩老鼠都會絕跡。

真是有趣！不知有沒有人照著試驗過，有效嗎？那隻「五花鼠」會不會從此無法生存？因為鼠輩都不認同牠。

想到這兒，有點可憐老鼠，還是別用這招吧，但我也不可能像蘇東坡一樣，「愛鼠常留飯，憐蛾

佛學院學僧正準備前往經堂上課。

不點燈」。果真如此，那鼠輩豈不猖狂繁衍？還是井水不犯河水，各自在自己的天地裡生活吧！

又想到素來具有神祕色彩的「大圓滿法」，「大圓滿法」是藏傳佛教寧瑪派獨有的特殊伏藏，寧瑪派主要分「經典」和「伏藏」兩大傳承，經典傳承指佛教前弘期譯傳的密法，伏藏傳承指前弘期蓮花生大師等密教高僧埋藏的密教經典法門，直到佛教後弘期時才被挖掘出來弘揚於世。

有陣子對「大圓滿」和「大手印」很好奇，找了不少書看。藏密認為宇宙萬物都有能量場（中國古代稱為氣場，現代人稱為磁場），大圓滿的主旨便是通過人體這個有磁性的生物能量場，在藏密氣功法配合下，攝取太陽宇宙能量場的光能，以強化、提昇人體自身的能量場。

質量和能量是可以互相轉換的，愛因斯坦在相對論中發表了質量與能量轉換的等量公式，指出在廣義的宇宙範圍內，能量是同一事物質量的轉換形式。有人依此理論解釋修習大圓滿成就者臨終虹化的原理，肉體的質量轉化成光的能量，大量往外釋放，因此肉身縮小或消失，只餘一道虹光繚繞。

愛因斯坦的相對論也使時間和空間有了相互聯繫的關係，空間和時間都不是獨立、絕對的，而是相對的存在。有趣的是，這種相對論的時空觀早見於佛經，《楞嚴經》的「於一毫端，現寶王剎；坐微塵裡，轉大法輪。……」及《維摩經》的「以須彌之高廣納芥子中，無所增減。……」早在兩千多年前，佛陀的智慧和對宇宙時空的瞭解，就和愛因斯坦經由科學物理實驗、數學邏輯所推論出的時間和空間的相對性，有著奇妙的相似處。

大圓滿法也主張事物無絕對限制，可大可小，無所障礙，空間周遍，時間相

續，修習大圓滿可以超出時空限制，又遍於時空一切領域。因此，一些入定高深的修行者可以看見整個宇宙在自己體內；臨終虹化後的大圓滿光，也可伸延到宇宙任何時空領域，這都不足為奇。

我透過窗戶玻璃裂縫望向深邃神祕的夜空，這廣闊無垠的宇宙時空，無盡的奧妙，是我們凡人無法理解的，這種超出人類語言和概念之外的體驗，最好的方法或許就是經由禪定的「止」和「觀」，才有可能體悟出宇宙萬象的真諦吧！

佐欽寺是寧瑪派最高修行法門「大圓滿法」的教授傳承發源地。

東想西想，翻來覆去，似睡似醒，直到清晨五點佛學院傳來誦經聲，一顆紛擾的心終於安住，沉沉進入夢鄉……。

告別，
另一個開始

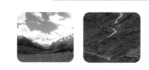

　　佐欽寺是我這次旅程的最後一個重要據點，甘孜藏族自治州本來也在旅行計畫內，但因時間不足，只好全割捨了。

　　離開佐欽寺來到甘孜，清晨搭上甘孜開往成都的空調特快車，師傅說今晚午夜前可以抵達成都，手中握著車票，我意識到：我的旅程快要告一段落了。

　　我即將離開藏地，離開這塊世界上陸地隆起最晚、面積最大、海拔最高的高原，離開這塊被稱為「世界屋脊」、「地球第三極」、「山的海洋」的高原，空調特快車將載著我回到繁華的都市。

　　而此刻還沒離開，我已經開始想念起藏地的一切了。

　　再不能坐在藍天下對著綿延的群山發呆；再不能躺在黑暗中聆聽萬籟入睡；再不會和語言不通的善良藏民比手畫腳；再不會有人問我：「妳一個人旅行啊？」；再不會有陌生人請我吃糌粑、喝青稞酒；再不會有人喊我「小姑娘」、「好樣的」……。

　　我明白，藏地絲毫不會因為我的進入或離去，而有所改變，只是我自己卻因為這趟旅程，彷彿重新活了一回。

　　五十多天的日子，遠離了台北的日常生活軌道，自由自在地行走在廣闊的天地間，這讓我那些老是以「人在江湖，身不由己」為藉口，其實大部分是沒有勇氣離開熟悉軌道的朋友們，多次寄來mail表達無限的羨慕和嚮往。

　　我知道他們和許多人一樣，抱持一種想法：「等我度過這個時期，等我退休，等我……，我就要……。」當這樣的想法浮現，生命的進展很可能就受到了耽擱，甚至於就遺落了一部分生命，因為老把眼光放在不可預測的未來，以為幸福在前方不在身邊，只顧著往前眺望，就很容易忽略眼前當下所擁有。而其實眼

隨著海拔從四千多公尺一路下降，心中有淡淡的悵然升起。

前正在走的路，正在做的事，正在接觸的人，無一不是生命的一個歷程，一個人若忽略了當下，當未來來到跟前，他還是會視而不見。

其次，就像西藏諺語所說：「今天上床，不知道是明天的太陽先來到，還是死亡先來到？」沒有人知道生命會終止於何時，唯一的對策就是在當下每分每秒，認眞過生活，好好珍惜每一個過程，因爲過程的本身就組合成每個人的生命；而生命是無法重來的。

我很欣慰自己學佛，可以看清盲點，可以勇氣十足游走在大陸邊疆，隻身在異地，把自己從熟悉的事物中抽離出來，孤立於因熟悉以至經常視若無睹的生活軌道之外，逐漸地，心也能從紛紛擾擾中沉澱下來，一趟旅行無異一趟經行。

單獨一人旅行，常常要自己做決定，走或不走？往左或往右？往東或往西？有時有客觀資料依循，協助作判斷，但大多時候無所依恃，我便憑直覺作決定，而每做了一個決定，就好像在人生的十字路口選擇了一個方向，繼續上路，迎向沿途的一些偶然和必然。

年輕時剛開始自助旅行，作了決定後總免不了有所期待，但有期待就代表會有失望，之後，旅行次數多了，經驗豐富了，年紀也漸長了，心態改成「盡人事，聽天命」，不再刻意期待，不再執取有無，反而驚喜連連。

旅行藏地這段時間，數不清多少次頂著豔陽，坐在土路邊，坐在小店門口，坐在草地上，等那幾乎很少準時的客運車，陪伴我的大都是我那一大一小兩個背包，有時也有藏民一道兒等待，我從他們那裡學會耐心。無論是久候無車、半途車故障、堵車、大雨沖斷橋……，面對任何狀況，他們總是笑嘻嘻的模樣。眞的，我從來沒遇過一位生氣的藏民，這眞是一個凡事慢慢來、好脾氣的民族！

這一路最常興起的感觸，是佛法所說的「諸行無常」，出發前看了無數資料，但一切都在變動中，狀況不斷。我謹守法鼓山法師的開示：「隨遇而安，隨緣生活，隨心自在，隨喜而做」，安住在無常中，享受無常帶來的一切可能性。

　　甘孜、爐霍、道孚、塔公、康定……，這些地名和景觀全在資料中讀過，烙印在腦海中，現在只能看著它們在窗外飛逝，從海拔四千多公尺一路下降，眼看著手錶高度數字逐漸減少，心中有著些微悵然。

　　旅程就要告一段落了，回首，除了日夜看不盡的山川壯麗風光，最難忘、最感動的都是一些和我有短暫交會的藏民。感恩一路上幫助我的眾生，即使只是把靠窗位置讓給我拍照的陌生人，感謝你們，雖然我不知道你們的名字，但我會永遠記得你們的笑容，那綻放在黝黑骯髒臉上的純真笑容，是我看過最美麗的笑容！

　　我的手碰觸到小背包內的兩尊佛像——釋迦牟尼佛和蓮花生大師，這是藏族朋友送的，哈達層層包裹著，兩尊佛像腹內裝藏（佛經），由色拉寺僧侶誦經開光，過程以慈悲心發願眾生離苦得樂。就讓我借花獻佛，以此發願轉贈給所有高原雪域的眾生，離苦得樂，享有心靈的香巴拉（香格里拉）！

　　從甘孜到成都，一路翻山越嶺，陸續越過幾座高山埡口，來到第一座埡口時，我忘情地要高喊「啦索索」，然後忽然有所意識到，於是，張開一半的口就此停在那裡……。

　　藏語發音的「啦索索」，意思是「神勝利了！」，在之前的行旅中，每當經過高山埡口，都會聽到全車藏民高聲呼喊「啦索索……」，尾音拖得老長，同時往窗外空中拋撒出印有經文的五彩小紙片，這是感謝並祈禱上蒼保佑自己一路平安的儀式，來自昔日祭山神、戰神的古老習俗。

荷鋤要到田裡工作的一位藏民，行過山坡，襯著藍天白雲，宛如從天而降。

　　這裡雖然屬於藏族自治州，但已聽不到熟悉的「啦索索……」，環視全車，幾乎全是漢人，縱有藏民，也大都漢化了吧！悵然若失之餘，我只能獨自面向窗外喃喃喊著：「啦索索……」，感謝諸佛菩薩護佑，我順利完成了五十多天的旅程！

一排排長長的轉經筒，是藏地最常見的風景，似乎時時提醒世人精進修行，早日脫離輪迴之苦。

隨著離開藏地愈來愈遠，藍天消失了，天空愈來愈灰暗，我終於昏昏沉沉入睡，睡夢中回到了西藏湛藍潔淨的天空下……。

　　晚上近十二點抵達成都，午夜的成都還車水馬龍，回到繁華都會，有點茫茫然，空氣品質不好，精神有點兒無法集中，在終點站「新南門汽車站」下了車，從四面八方立刻圍上來一群招攬住宿的男女，不管他們說什麼，我就只是搖頭。背了五十多天的大小背包，這時忽然變得沉甸甸地，只能步履艱難地拖著身子往前邁步，幸而網路背包客推薦的旅館就在前方不遠。

　　住進旅館，全身清洗乾淨，已過凌晨一點，這是五十多天來洗得最徹底的一回，睡意全消，沖了最後一包麥片，一邊喝著一邊隨意轉著電視台，好一段時間沒看這些聲光十色的節目，看著看著竟感到有些疏離感。

　　轉到音樂台，正好在播送一首歌：

當明天成為昨天，
昨天成為記憶的片斷，
內心的平安那才是永遠。

　　內心的平安？這不就是聖嚴師父常常殷殷教誨的「心安才有平安」嗎？彷彿為我的隨緣走西藏ending，作出簡單而完美的註解……

隨緣走，隨緣遇眾生

寫完本書，所有最美的風景已刻在心田上；最感動的回憶也已收進記憶裡。

西藏面積一百二十多萬平方公里，人口卻僅有二百多萬，其中百分之九十為藏族，平均每平方公里不到兩人，生活在這塊高原上的藏民，擁有最遼闊的天地。相對於這片廣袤的「地球第三極」，我五十多天的行走經驗，只不過走過它的一小小小……點，只能算是輕微觸摸了一點點皮毛。

而我所「聽」到的西藏，也只是我個人的價值取捨，這些文字，更只是一個一個的點與線，是片段的記錄，而那整體、全面的感動，唯有每個人親自用雙足走過那片土地；用手用臉親吻江河湖泊中的水；用肌膚用身體擁抱山間的風；用眼用耳用心傾聽；才會了然一切。

我不是專業攝影者，書中圖片也許不是那麼令人滿意，但每一張都有我的用心，甚至可以說大部分都是老天的用心，是老天安排讓我拍下的。因為一路都搭客車，許多美景出現時往往身在搖晃顛簸的車上，只能一邊祈禱防震相機發揮功能一邊按下快門。有時利用師傅停車休息、用餐、會車或有人要下車方便時，抓緊剎那按下快門，很少機會容許我慢慢找角度取景。因此，這些照片只能視為一種印記，記錄著文字之外，我在那個當下一部分的視覺角度。

這段旅程既是我自己主動的選擇，也受冥冥之中某種神聖力量被動的帶領，在我離開那塊天寬地闊的高原後，回憶，總是遠遠超越文字及照片所能傳達的，帶著一種巨

大無比的力量，無聲地在我心田一頁一頁翻閱……。

出發前，一位剛從西藏回來的佛教徒朋友，送我一句話：「隨緣走，隨緣遇眾生。」翻閱自己的讀書筆記，也有這樣的文字：

「隨不是跟隨，是順其自然，不強求，不過度，不躁進；隨不是隨便，是把握機緣，不悲觀，不刻板，不慌亂，不忘形。」

「慈眼視眾生，眾生即是佛」，是我讀〈普門品〉時感到最相應的兩句，此回也作為座右銘，在旅程中一路隨行。

行旅藏地，無盡的未知和變數，的確需要以「隨緣走，隨緣遇眾生」及「慈眼視眾生，眾生即是佛」的慈悲與智慧去面對，而我的年紀加上對生活的歷練，也讓我有足夠的寬容與餘裕面對一切。

我總是提醒自己，半百年紀，生理已在變老，每個人隨著時間流逝都會變老，但不一定會變成熟。成熟是一種內在的成長，當一個人帶著全然的覺知到經驗中，無論做什麼，無論遇到什麼，都保持覺知，不只看到表象，還能從各個角度試著穿透它的內裡，那麼，在變老的同時便會變得成熟，智慧也會伴隨而來。

離開西藏後，無論是身在北京還是台北，我常常在走過車水馬龍的街頭時，突然就會想起西藏，想起那片蒼茫寂靜的高原，想起那幅天清地闊的時空，然後愣在原地，回憶起五十多天的行旅點滴，所有的家當扛在背上，兩肩挑起生活的擔，生活因為被濃縮，反而益見香濃馥郁。

這段獨行藏地的心路歷程，沉澱了大半年之後才開始提筆書寫，時間，是最冷靜的仲裁者，再大再深的喜怒哀樂也會在時間河流的沖刷中慢慢被洗淡，於是，無論是歡樂或悲哀，無論是順境或逆境，最後都會回歸到最初始的寧靜。

　　當激情轉化為深海潛流，再回頭看我走過的歷程，我依然深信，於全民信佛的藏地旅行，會擴充一個人生命的視野，憶及去年六月底風塵僕僕歸來，如今一年過去了，那旅途中無數震撼生命的記憶，仍深深烙印於腦海深處，它們彷彿打造了一個心靈的桃花源，守候著，等待我歸去的跫音響起……

完稿於藏曆火狗年四月二十五日（西元二○○六年六月二十日）拉薩西藏大學

（本書版稅捐贈「雲南迪慶藏族自治州森吉梅朵慈善學校」）

國家圖書館出版品預行編目資料

聽見西藏：在雪域中遇見自己 ／ 邱常梵 著
--初版. - 臺北市：法鼓文化, 2006 [民95]
面： 公分

　　ISBN 978-957-598-368-0（平裝）

　　1. 西藏 - 描述與遊記

676.66　　　　　　　　　　　　95018338

人生DIY②

聽見西藏——在雪域中遇見自己

著　　者	邱常梵
總　　監	釋果賢
總 編 輯	陳重光
編　　輯	李書儀
設　　計	連紫吟、曹任華 ReneeAQ@gmail.com
出　　版	法鼓文化
地　　址	臺北市北投區公館路 186 號 5 樓
電　　話	（02）2893-4646
傳　　真	（02）2896-0731
網　　址	http://www.ddc.com.tw
E-mail	market@ddc.com.tw
讀者服務專線	（02）2896-1600
初版一刷	2006年 10月
初版十刷	2016年 10月
建議售價	新臺幣 450 元
郵撥帳號	50013371
戶　　名	財團法人法鼓山文教基金會-法鼓文化
北美經銷處	紐約東初禪寺
	Chan Meditation Center（New York, USA）
	Tel：（718）592-6593 Fax：（718）592-0717